RÉPUBLIQUE FRANÇAISE
Liberté — Égalité — Fraternité

DEPARTEMENT DE LA SEINE

DIRECTION DES AFFAIRES DÉPARTEMENTALES

ÉTAT DES COMMUNES

A LA FIN DU XIXᵉ SIÈCLE

publié sous les auspices du Conseil Général

CLICHY

NOTICE HISTORIQUE

ET

RENSEIGNEMENTS ADMINISTRATIFS

MONTÉVRAIN

IMPRIMERIE TYPOGRAPHIQUE DE L'ÉCOLE D'ALEMBERT

1903

CLICHY

MONOGRAPHIES

RÉPUBLIQUE FRANÇAISE
Liberté—Égalité—Fraternité

DÉPARTEMENT DE LA SEINE

DIRECTION DES AFFAIRES DÉPARTEMENTALES

ÉTAT DES COMMUNES

A LA FIN DU XIXᵉ SIÈCLE

publié sous les auspices du Conseil Général

CLICHY

NOTICE HISTORIQUE

ET

RENSEIGNEMENTS ADMINISTRATIFS

MONTÉVRAIN
IMPRIMERIE TYPOGRAPHIQUE DE L'ÉCOLE D'ALEMBERT

1903

NOTICE HISTORIQUE

CLICHY[1]

———

Anciennement, communauté de la Généralité et de l'Élection de Paris, paroisse de la banlieue ecclésiastique de Paris.

De 1787 à 1790, municipalité du département de Saint-Germain et de l'arrondissement de Saint-Denis.

De 1789 à l'an IX, chef-lieu de canton du district de Saint-Denis (supprimé par la constitution de l'an III).

De l'an IX à 1893, commune de l'arrondissement de Saint-Denis et du canton de Neuilly.

En vertu de la loi du 12 avril 1893, chef-lieu de canton, commune unique, de l'arrondissement de Saint-Denis.

———

1. Il existe en France une autre commune portant le même nom : c'est Clichy-sous-Bois, au département de Seine-et-Oise, arrondissement de Pontoise, canton du Raincy.

I. — FAITS HISTORIQUES

Au sortir de Paris, la Seine décrit, du Sud au Nord, une courbe accentuée que limite, à l'Est, la chaîne de collines qui, dans Paris, ferme sa vallée, de Charonne à Auteuil. La plaine ainsi formée était au moyen âge la garenne de l'abbaye de Saint-Denis (de même que la plaine située sur la rive gauche était la garenne de Saint-Germain-des-Prés, d'où le nom de Grenelle, *garanella*), et les deux paroisses qui s'y créèrent, Villiers et Clichy, furent pour cette raison surnommées la Garenne. La paroisse de Villiers a disparu, absorbée par Neuilly, durant la seconde moitié du XVIIIᵉ siècle ; on ne dit plus maintenant dans la langue administrative Clichy-la-Garenne, mais le surnom est loin, cependant, d'être hors d'usage.

Autrefois, le territoire de Clichy s'étendait du côté de l'Est, jusqu'au sommet de la colline dont l'autre pente regarde Paris ; mais, on le verra plus loin avec détails, la création en commune distincte de Batignolles-Monceaux lui a enlevé, en 1830, toute la partie accidentée de ce territoire, qui maintenant est réduit à la plaine, aride d'ailleurs, et depuis longtemps dépourvue des quelques bouquets d'arbres qui y constituaient des remises de chasse. D'un pays, jadis en culture, le voisinage de la capitale a fait une cité exclusivement industrielle et laborieuse, d'où les hautes cheminées d'usine, les maisons denses et surchargées d'habitants, les dépôts et garages du chemin de fer de l'Ouest ont banni complètement, ou à peu près, tout ce qui fait le charme des champs.

La philologie moderne a éclairci le mystère de l'étymologie du nom de Clichy. Se fondant sur la situation du lieu, l'abbé Lebeuf, habituellement plus sagace en ces matières, avait cherché un rapprochement entre la première syllabe du mot et l'idée de clapier ; il pensait que Clichy voulait dire : clapier de lapins. Plus fantaisiste encore, l'abbé Lecanu (voy. à la Bibliographie) imaginait des formes gauloises signifiant vallon et eau. En réalité, Clichy, comme tous les noms de lieu ayant cette désinence, vient d'une forme latine en *acum*, *Cleppiacum*, c'est-à-dire domaine d'un personnage de l'époque gallo-romaine nommé Cleppius.

Les preuves abondent que les rois mérovingiens eurent une

résidence à Clichy et se plurent à l'occuper, On nommait ce genre de demeures *villas,* avec le sens de domaine rural, et elles étaient fort vastes puisque, sans sortir de leur enclos, le roi pouvait s'y livrer à la chasse. Celle de Clichy s'étendait tout le long de la Seine, peut-être jusqu'à l'endroit où commence maintenant le territoire de Saint-Denis, embrassant par suite celui de Saint-Ouen ; de là, rivalité historique entre Clichy et Saint-Ouen, revendiquant tous deux la gloire d'avoir fourni le terrain d'une maison royale. La vérité est dans ce qui précède, à savoir que cette maison appartenait aux deux ; quand les paroisses furent mieux constituées et délimitées, la *villa* n'existait plus.

Frédégaire, chroniqueur du VIIᵉ siècle, rapporte beaucoup de faits qui se sont passés dans ce domaine. Clotaire II y résidait en 625. C'est là qu'en 630 naquit Sigebert, fils de Dagobert.

« Dagobert, dit l'abbé Lebeuf, d'après Frédégaire, étoit à Clichy l'an 636, que l'on comptoit le quatorzième de son règne, lorsqu'il envoya dans la Basse-Bretagne faire savoir aux Bretons qu'ils réparassent promptement le mal qu'ils avoient commis. Ce fut aussi dans le même lieu que Judicaël, leur roi, se rendit avec des présens, promettant de donner satisfaction au roi de France sur ce qu'il souhaitoit, et reconnoissant que son royaume étoit soumis à celui de France. Dagobert l'ayant invité à dîner, il n'osa se mettre à table avec lui, mais le roi étant assis, il se retira du palais, et il alla dîner dans la maison de Dadon le référendaire, qu'il connoissoit pour un très saint homme. C'est celui qu'on a depuis appelé S. Ouen. »

Les chartes confirment ce que disent les chroniqueurs sur le séjour des premiers rois de notre pays. On les trouvera, à leur date, dans le *Cartulaire de la Ville de Paris* publié dans les collections municipales par M. de Lasteyrie ; certaines sont datées de Clichy, d'autres ont trait au domaine, que l'on trouve parfois appelé le Vieux-Clichy, *vetus Clippiacum,* sans doute par opposition à un nouveau Clichy qui serait devenu Saint-Ouen lorsque la mort de ce saint en ce lieu (683) lui donna une importance toute nouvelle. On y verra aussi (p. 424) une charte de 1172 où est mentionnée Emeline, fille de Clerembault, maire de Clichy.

L'abbaye de Saint-Denis dut à Charles-Martel, en 741, la possession de la terre de Clichy, cependant qu'une église parisienne, Saint-Benoît, obtint le droit de nommer les curés de ce lieu, privilège qu'elle garda, on ne sait trop pourquoi, jusqu'à la Révolution.

En outre, quelques seigneuries particulières s'y créèrent : au

XIIIᵉ et au XIVᵉ siècles, les sires de Beaumont ; au XVIᵉ siècle, les L'Huillier, alliés aux Alligret, qui eux-mêmes entrèrent dans la famille de la Bazinière, dont les membres eurent le titre de seigneurs de Clichy, de 1560 à 1670 environ. A la date du 20 avril 1629, les registres paroissiaux de l'église de Clichy mentionnent comme marraine « Marguerite Vertamont, femme de Monsieur de la Basinière, conseiller du Roy en ses Conseils d'Estat et privé, thresaurier de son espargne, seigneur de Clichy ». Même mention le 12 octobre 1638. Ce La Bazinière, impliqué dans le procès de Fouquet, passa quatre ans à la Bastille, de 1663 à 1667 ; il a eu le mérite, si c'en est un, de laisser son nom à une des tours de cette forteresse : la tour de la Bazinière était la première à gauche, contenant la loge du portier, après qu'on avait franchi le pont-levis. Elle demeura ainsi désignée jusqu'à la fin. Quant au trésorier de l'épargne, il mourut en 1668, un an après sa libération.

Après lui, la seigneurie fut possédée en commun, d'après l'abbé Lebeuf, par Édouard-François Colbert, comte de Maulevrier, et Nicolas de Beautru, marquis de Vaubrun, lieutenant général des armées du roi ; la veuve de ce dernier, ajoute l'auteur que nous citons, contribua beaucoup au changement qui fut fait au cimetière de la paroisse en 1702.

Il est probable que c'est M. de Maulevrier qui fit construire ou reconstruire le curieux édifice, situé rue du Lendit, 7, et auquel une naïve légende maintient le nom de *maison de Dagobert*, uniquement parce que son aspect est vénérable, de même que la tradition veut qu'on ait découvert à Saint-Ouen une inscription portant ces mots : « Icy estoit la maison de Dagobert ». Les deux localités se sont abusées elles-mêmes en imaginant le témoignage matériel d'un passé lointain que nul, sauf ce témoignage, ne saurait leur contester.

Pour en revenir à la maison de la rue du Lendit, elle a été décrite avec soin dans les *Procès-verbaux de la Commission du Vieux Paris* (mai 1902, n° 17). Voici quelques passages du rapport que rédigea à son sujet M. Lucien Lambeau :

A l'adresse indiquée se voit, tout d'abord, sur la rue, un portail en pierre de grande importance, ayant conservé des traces de sculptures qui durent être jadis fort élégantes et qui symbolisent la musique et la chasse par des lyres, des arcs et des carquois. Malheureusement, ce portail, qui semble dater de la fin du XVIIᵉ siècle ou du commencement du XVIIIᵉ, est dans un état complet de délabrement.

En entrant dans la première cour, on aperçoit une délicieuse page d'architecture..... C'est un long bâtiment tout en façade, assis sur un perron de quatre marches, presque aussi long que lui, et comportant un rez-de-chaussée éclairé par onze ouvertures d'égales dimensions, qui sont de hautes fenêtres, à l'exception des trois du milieu, qui sont des portes. Ces trois portes forment une sorte d'avant-corps à peine en saillie, souligné par deux pilastres de bossage. Elles sont surmontées d'un premier étage composé de trois fenêtres basses sur lesquelles se dresse un large fronton triangulaire décoré d'une superbe ronde-bosse représentant un Bacchus accoudé sur une panthère et jouant avec de jeunes enfants entourés de raisins.

Ce bas-relief est en tous points remarquable ; il doit être l'œuvre d'un habile sculpteur de l'époque, dont le nom mériterait d'être signalé, Ces onze ouvertures du rez-de-chaussée, portes et fenêtres, sont ornées dans leur partie haute et carrée de clefs représentant de délicieuses têtes de femmes et d'hommes, d'une variété infinie, et dont quelques-unes sont affublées de cette décoration à la turque souvent employée à Paris à la fin du XVII* siècle.

Au-dessus du rez-de-chaussée règne un petit étage de combles, percé de fenêtres correspondant avec celles du dessous, lequel comble, complètement couvert en ardoises, vient se souder et se raccorder au petit étage en pierre qui surmonte les trois portes d'entrée et sur lequel se dresse le fronton.

La face postérieure de cette maison, qui donne sur une autre cour, présente une ordonnance absolument semblable à celle que nous venons de décrire. La seule différence réside dans quelques modèles de clefs de fenêtres et dans le bas-relief du fronton, qui montre, au lieu d'un Bacchus, une femme entourée également d'une panthère, d'enfants et de raisins.

On remarque aux fenêtres du rez-de-chaussée de cette dernière façade des ferronneries de style Louis XIV ayant conservé un chiffre qui semble être un M et deux L, à moins que ce ne soit le monogramme de la Vierge, un A et un M, l'hôtel ayant été occupé jadis par une congrégation de femmes.

A l'intérieur, justement en face des trois portes d'entrée, existe encore un superbe salon, d'une décoration fort gracieuse et fort séduisante, et dont les dessins du plafond définissent exactement la destination de ce somptueux logis, qui n'était évidemment pas autre chose qu'un rendez-vous de chasse. Quatre motifs s'y détachent, en or bruni sur fond blanc : une chasse au cerf, une au sanglier, une au renard et une au loup. Le tout agrémenté de Dianes chasseresses, de chiens courants et d'attributs cynégétiques. Ce plafond repose sur une corniche dont le style appartient au règne de Louis XIV ; des pilastres à chapiteaux ioniques, ornés d'oves et de guirlandes, règnent tout autour de la pièce et comportent également des décorations et attributs de la chasse, modelés en une pâtisserie extrêmement dure et résistante.

Ce salon, qui sert actuellement de chapelle à cette maison, occupée aujourd'hui par une œuvre paroissiale, est la seule pièce qui ait conservé sa décoration primitive. L'unique escalier est toujours muni de sa rampe en fer forgé, qui est d'un curieux dessin et d'un modèle assez rare.

Ce qui nous permet de supposer que ce joli pavillon fut construit par M. de Maulevrier, seigneur de Clichy, c'est précisément la présence de cet M et de ces deux L signalés par M. Lambeau ; il n'est pas téméraire d'y voir une traduction en rébus du nom : *Mauvais Levrier*.

Au XVIIIe siècle, le logis appartint à Grimod de la Reynière, fermier général, qui était seigneur de Clichy en 1750. Depuis, il a été occupé successivement par Mme Récamier et un couvent de femmes ; aujourd'hui il est, comme on vient de le dire, le siège d'une œuvre scolaire dépendant de la fabrique.

Au commencement du règne de Louis XIII, en 1612, le curé avait été pourvu d'un titulaire dont le nom est devenu synonyme de charité et de philanthropie : saint Vincent de Paul fut curé de Clichy de 1612 à 1625. C'est, malheureusement, à cette dernière année que commencent aujourd'hui les registres paroissiaux de baptêmes, mariages et sépultures conservées à la mairie ; ils ne peuvent donc nous fournir aucun renseignement sur ce prêtre justement vénéré, pas même sa signature ; on sait seulement, comme il sera dit plus bas (p. 37) que c'est lui qui entreprit la construction de la vieille église, que les agrandissements actuels ont maintenant reléguée au second plan.

Qui le croirait ! La Seine, au XVIIe siècle, offrit assez de charme pour que Louis XIV vint y prendre ses ébats nautiques. Il est deux fois question, en juillet et en août 1651, dans le *Journal de Dubuisson-Aubenay*, de ces baignades royales. Voici le second passage : « Samedi soir (5 août), sur les sept heures, le Roi retourna à cheval, au trot ou petit galop à Clichy, où il continua son bain commencé en la rivière depuis huit ou dix jours, quoique à cette relevée il eût fait de la pluie.....»

Le 14 avril 1789, les habitants formant le tiers état de la paroisse se réunirent en assemblée générale, pour rédiger le cahier de doléances que chaque paroisse devait soumettre aux États généraux. Ce document débute par des considérations générales, que l'on retrouve dans tous les cahiers dressés alors, sur la situation du royaume et les idées de réforme qu'elle inspirait. Nous nous bornerons à reproduire celles des réclamations qui ont trait spécialement à la localité :

DOLÉANCES PARTICULIÈRES A CETTE PAROISSE

Article premier. — Cette paroisse, ainsi que toutes celles de la banlieue, se trouve vexée depuis longtemps par le payement d'un impôt exigé par la ferme générale, sous la désignation de droits rétablis, impôt que les fermiers généraux sont parvenus à percevoir sur les objets de première nécessité, sans autorité, ainsi que le prouve plus amplement le mémoire imprimé qu'ils ont, conjointement avec les autres communautés de la banlieue de Paris fait dresser par M. Darigrand, avocat, auquel mémoire les soussignés se réfèrent ; ils chargent leurs députés de faire toutes les instances possibles, auprès des États généraux pour obtenir la justice qu'ils réclament et qui leur est due, pour l'abolition de cette vexation.

ART. 2.— Qu'ils se trouvent aussi actuellement vexés dans leurs propriétés par une ordonnance du Bureau des finances, du 16 janvier dernier, qui fait défense d'élever ou de réparer aucuns murs de clôture et bâtiments hors la nouvelle enceinte de Paris qu'à la distance de 50 toises de la clôture, et en dedans de ladite enceinte, qu'à 36 pieds d'éloignement de ladite clôture ; que cette ordonnance ne peut subsister puisque, d'un côté, elle grève la propriété des terres au dehors de l'enceinte à une distance considérable, et d'un autre côté, rend nulle une portion de terrain en dedans, tout le long du mur, et ce sans y être autorisé par aucune loi, ni avoir préalablement dédommagé les propriétaires, ce qui leur ferait un tort infini si cette ordonnance pouvait avoir effet ; en conséquence, faire annuler cette ordonnance.

ART. 3.— Que l'enclavement d'une partie de leur territoire dans la nouvelle enceinte de Paris, ayant pour but d'assujettir cette partie du territoire à l'impôt des droits d'entrée de la capitale fait le plus grand tort aux habitans et aux propriétaires des maisons de ce canton ; en conséquence, les députés de cette paroisse sont expressément chargés de demander que ces barrières soient reportées aux anciennes limites et que les habitans et propriétaires de cette partie du territoire soient réintégrés dans leurs jouissances et privilèges, dont ils n'ont pu être dépouillés par un acte illégal surpris au souverain.

ART. 4.— Il sera pareillement demandé la décharge d'un impôt établi sur les habitans de Monceaux et de la Pologne 1 pour le logement des gardes françaises, impôt perçu militairement et arbitrairement par les officiers de ce régiment, sans loi connue et en vertu seulement d'un rôle qu'ils font arrêter par le Roi, tandis que tous les habitans taillables payent, avec la taille, une imposition destinée au payement de l'équipement, entretien et solde, même au logement des gens de guerre, dont les gardes françaises font partie. Ce nouvel impôt est donc un double emploi exigé de partie des habitans de cette paroisse. Nous espérons que la décharge qu'ils en demandent n'éprouvera aucune difficulté.

ART. 5.— La police de Paris se permet, de temps à autre, de franchir les limites de son territoire, en traduisant quoique incompétamment, devant M. le lieutenant de police, les cabaretiers et habitans de la Petite-Pologne pour contravention aux ordonnances de police, contravention constatée non par un commissaire, mais seulement par le rapport d'un sergent de la garde de Paris, et il arrive aussi que, pour le même fait, ils sont également assignés devant M. le bailli de cette juridiction [celle de Clichy] et par conséquent soumis à essuyer deux condamnations pour le même fait, ce qui n'arriveroit pas si le sergent de la garde envoyoit son rapport à la justice de ce lieu. Il seroit cependant nécessaire de déterminer d'une manière stable les fonctions

1. Hameau dépendant de Clichy, situé non loin de l'emplacement actuel de la gare Saint-Lazare.

de chacun, sans quoi l'habitant se trouvera toujours contraint de payer dans deux endroits les condamnations que sa contravention lui a attirées, ce qui seroit une vexation.

Les deux derniers articles ont trait aux autres griefs possibles : « aux malheurs qui affligent les campagnes et une invitation expresse aux députés à remercier le gouvernement d'avoir songé aux grandes œuvres de la réformation de l'État ».

Délibéré par nous, habitants de Clichy-la-Garenne, ledit jour 14 avril 1789.
Signé : Meulon ; Pierre Desgrais ; Bailly ; F. Charpentier ; Desgrais ; Pesmi de Degrouhetter ; Bourgeois ; Gilles ; Duquesney ; Cardinet ; Soret ; Orband ; Hennequin ; J.-E. Lépine ; E. Charles ; Dauthereau ; E. Gillet ; Puisseux ; Belloy ; Feret ; Le Riche ; F. Charles ; Fontaine ; E. Pierre ; Soret ; M. Aubry ; P. Jouve ; Saintard ; Boyette ; Berland ; E. Desgrais ; Poitevin ; Painson ; Le Guay ; Lecomte ; Denise ; Bosseraud ; Ledrain ; Bouarny ; Raffard ; Ligneux ; Roche ; Simonnet ; Antoine Deldevé ; Casaubon ; Lefebvre ; J.-B. Compoint ; Dufaux ; Decret ; Binard ; Manisse ; Picard ; Bailly et F. Soret, greffier 1.

C'est le 3 février 1790 que fut élue, après une harangue du syndic, Xavier Hennequin, notaire et contrôleur des actes à Monceaux, la première municipalité proprement dite, dont nous donnons plus loin le tableau. 85 citoyens seulement avaient pris part au vote.

Le 18 mai suivant, les habitants exaspérés contre le privilège des capitaineries de chasse, qui étaient un fléau pour la culture, se mirent en devoir de détruire eux-mêmes les *remises royales* (taillis où le gibier va se réfugier) dont la plaine était parsemée ; le maire n'intervint pour sévir que le lendemain, quand la besogne était faite.

A la date du 26 mars 1791, le registre de délibérations municipales contient une relation, véritablement plaisante, des circonstances dans lesquelles la municipalité tint à célébrer par un *Te Deum*, à Clichy, d'abord, à Monceaux, ensuite, la convalescence du roi et comment, par suite du mauvais vouloir du vicaire de Monceaux, le maire fut appelé à chanter lui-même cet hymne. Document plein de naïveté, mais aussi d'intérêt pour l'état des esprits à cette époque bizarre :

Aujourd'hui samedi 26 mars 1791, six heures du matin, le corps municipal de Clichy-la-Garenne, chef-lieu de canton du district de Saint-Denis, département de Paris, assemblé en la chambre commune audit Clichy,

1. *Archives parlementaires*, t. IV, pp. 446-448.

M. le Maire a dit que de la cérémonie faite le jour d'yẽr, il représentoit à l'assemblée qu'il en soit dressé procès-verbal pour constater la marche qui s'en était suivi :

Ledit corps municipal composé des sieurs Georges Soret, maire, Philippe Cardinet, Pierre Bourgeois, Charles-Pierre Tiphaine, Jacques Gillet et Louis-Alexis Raffard, officiers municipaux où est présent Mᵉ Paul-Alphonse Billard, procureur de la commune, assisté de François Soret, secrétaire-trésorier, Nous, maire, officiers municipaux et procureur de la commune dudit chef-lieu de canton, en exécution de notre arrêté du lundi 21 de ce mois, portant qu'étant instruit de la maladie de notre monarque, roi des Français, nous avons arrêté qu'il serait, le vendredy 25 de ce mois, trois heures de relevée, en l'église Saint-Médard de ce lieu, chanté un *Te Deum* en action de grâce pour la convalescence de S. M. et qu'à cet effet le sieur curé de cette paroisse serait prié de le chanter, et icelui *Te Deum* annoncé à son de tambour à tous les habitants de cette paroisse ; étant réunis en ladite chambre commune, le dit jour d'yẽr, à trois heures de relevée à l'effet d'assister audit *Te Deum*, M. le Maire a dit qu'ayant assisté à la messe paroissiale, il a observé que ledit sieur curé avait annoncé, de la part de MM. les grands vicaires de Monsieur l'archevêque de Paris, [qu']il serait, à trois heures de relevée, chanté un *Te Deum* avec salut et exposition du Saint-Sacrement.

Que, d'après cet exposé, nous avons arrêté verbalement qu'aussitôt l'office chanté d'après l'annonce dudit sieur curé, nous nous transporterions en l'église paroissiale de ce lieu pour assister ʼau *Te Deum* par nous annoncé en vertu de la délibération susdatée. Et de fait, la garde nationale assemblée sur la place publique de ce lieu, le sieur commandant a envoyé un détachement pour nous accompagner et nous conduire. Nous, étant au milieu dudit bataillon, le drapeau déployé, avons entrés dans ladite église paroissiale, où nous avons trouvé ledit sieur curé dans sa stalle à l'entrée du chœur. M. le Maire portant la parole audit sieur curé, a dit qu'il se présentoit pour assister au *Te Deum* annoncé en vertu de notredit arrêté, que ledit sieur curé observa qu'il venoit de chanter celui qu'il avoit annoncé le matin ; qu'au surplus, qu'il en chanteroit un second, et de fait, il a été chanté en notre présence, de celle de la garde nationale et d'un peuple immense, que l'ordre y a régné avec la plus grande tranquilité.

Que, cette cérémonie achevée, que des vieillards et autres habitants du hameau de Monceaux dépendant de cette paroisse, voulant participer aux prières qui intéressent la santé du monarque, nous nous sommes transportés audit Monceaux, accompagnés de ladite garde nationale et suivis d'un grand cortège de citoyens et de citoyennes ; étant arrivés sur la place publique dudit Monceaux, une députation, tant du corps municipal que de la garde nationale, est allée trouver le sieur vicaire dudit lieu, et l'a invité à venir chanter le salut et ensuite le *Te Deum*, ce qu'il a voulu faire avec beaucoup de résistance et de prières de notre part. Au moment où le peuple s'assembloit, ledit sieur vicaire s'est transporté en la chapelle dudit lieu, et après avoir célébré le salut avec exposition du saint ciboire, ledit sieur vicaire s'est retiré dans la sacristie sans vouloir chanter le *Te Deum*. Le publique, avec une tranquillité due à la majesté du lieu où ils étoient, demandoient que le *Te Deum* soit chanté ; le procureur de la commune, députe par nous, s'est retiré vers ledit sieur vicaire pour l'engager à venir le chanter ; il s'y est refusé formellement en lui disant qu'il n'avoit point d'ordre à recevoir d'une municipalité, qu'il ne connaissoit que Dieu et son archevêque, qu'il n'avoit point d'ordre de ce dernier, que d'ailleurs il n'avoit jamais été chanté de *Te Deum* dans ladite chapelle ; que sur ce refus (qui vient probablement du défaut de prestation de serment et de celui du sieur curé et des autres vicaires au nombre de quatre) [1], ledit procureur de la commune nous a rendu compte des faits ci-dessus ; et alors, voyant le publique en fermentation, ledit *Te Deum* a été entonné par M. le Maire et suivi du *Domine, salvam fac gentem, Domine, salvam fac legem, Domine, salvum fac regem.*

Cette pareille cérémonie achevée, nous nous sommes retirés ; que l'instant après le peuple s'est amassé en foule sur la place publique et vouloient avoir le sieur vicaire pour le punir de son refus ; lequel a été sur le champ dispersé par notre conduite et par le zèle qu'a apporté la garde nationale, sous la conduite du sieur Berland, commandant. Et étant alors huit heures du soir, nous nous sommes séparés avec promesse verbale de nous réunir ce jour d'hūy, lieu et heure présente, pour rédiger le présent procès-verbal. Et, pour distinguer l'attachement et l'amitié que les habitants ont pour S. M., ils lui en ont donné des marques par une illumination générale, et avons arrêté que copie de présentes sera envoyée à l'Assemblée nationale. Fait et rédigé... [2].

Le 14 avril suivant, le corps municipal, décidément enclin aux manifestations politiques, assista solennellement au service qu'il avait demandé au curé de célébrer dans l'église paroissiale « pour le repos de l'âme du feu Honoré Riquetti-Mirabeau », dont le procureur de la commune prononça l'éloge funèbre.

Le 13 juin de la même année, nouvelle solennité, cette fois à l'occasion du dépôt dans l'église d'une pierre de la Bastille envoyée au maire par le fameux Palloy, démolisseur officiel de la forteresse, dont il exploitait les ruines comme une carrière au profit de sa popularité. Cette pierre, qui offrait sur sa face principale un plan gravé de la Bastille, fut encadrée dans le mur de l'église, à huit pieds de hauteur en face de la petite porte d'entrée. Disons à ce propos que, le 15 février 1878, M. Villeneuve, maire de Clichy, rappela le fait au Conseil municipal, et fut invité à rechercher ce petit monument pour le transférer dans la mairie que l'on venait d'inaugurer, mais les recherches restèrent infructueuses.

Le 29 mars 1792, il fut décidé que l'on n'enterrerait plus aucun corps dans l'église et que l'on comblerait les caveaux, situés l'un sous les marches du maître-autel, « où est le corps du feu sieur

1. Les mots entre parenthèses ont été ajoutés dans la marge.
2. Archives de la mairie de Clichy, 1ᵉʳ reg. de délibérations municipales, fol. 134 vᵒ-135 vᵒ.

Soubret, curé », l'autre dans la chapelle Sainte-Geneviève. — Le 12 juillet suivant, le prix des chaises dans l'église, alors variable suivant les personnes, fut uniformément fixé à six deniers.

La population conservait des sentiments de piété, car, en dépit de l'invitation qui lui en était faite par le district de Saint-Denis, la municipalité délibéra, le 12 août 1792, « d'une voix unanime, que les cloches resteront suspendues dans le clocher de cette paroisse, que les cloches resteront telles qu'elles sont ». Ce n'est que le 7 octobre 1793, au dire de l'abbé Lecanu (p. 251), qu'on les descendit et qu'il fut remis trente-cinq francs « à des individus qui s'étaient attribué la mission de gratter les fleurs de lis et les armoiries peintes dans l'église ». L'édifice fut, à ce moment, affecté au culte robespierrien de l'Être suprême.

Une regrettable lacune dans la série des registres de délibérations communales nous force à passer rapidement sur la fin de la Révolution et le régime qui la suivit. C'est sur le territoire de Clichy que se livra le célèbre combat du 30 mars 1814, où s'illustra Moncey. De ce côté de Paris, l'armée des alliés était représentée par un fort détachement de Russes commandés par le général Langeron, un Français, hélas ! qui avait pris du service contre sa patrie. Cette troupe, venant du Nord-Est, contourna la butte Montmartre par la plaine et attaqua le coteau des Batignolles. Elle s'y heurta à la garde nationale parisienne et aux soldats qu'avaient pu rallier Moncey ; le combat fut des plus meurtriers entre la place Clichy et le carrefour des deux avenues que l'on nomme la Fourche ; malheureusement, sur ces entrefaites, la capitulation se signait de l'autre côté de Paris et il fallut déposer les armes. Le tableau d'Horace Vernet, représentant cette bataille et le cabaret du père Lathuile, ambulance et buvette gratuite pour les combattants, la statue de Moncey par Doublemard, érigée seulement en 1869, restent, à des titres divers, les souvenirs de cette journée de lutte patriotique.

En 1815, les alliés revinrent devant Paris, aussi menaçants et brutaux que la première fois. La capitulation du 3 juillet leur donnait le droit de loger chez l'habitant et le pouvoir de le rançonner ; à Clichy, ils trouvèrent les maisons vides, pour la plupart, de leurs hôtes et de leur mobilier, les habitants s'étant réfugiés corps et biens à Paris ; aussi, dans leur fureur, ils saccagèrent tout. « La maison de M. Barré a été entièrement saccagée. Il évalue sa perte à 20.000 francs » ; ainsi s'exprime le *Diction-*

naire des environs de Paris, de Pétresson Saint-Aubin, témoin oculaire (1816).

La révolution de 1830 eut à Clichy une répercussion inattendue. Le curé s'était rendu hostile à la population ; de même que Charles X, il dut quitter la place ; mais, comme l'archevêque ne paraissait pas empressé à lui donner un successeur, les habitants firent appel à l'abbé Châtel qui venait de fonder, sous le nom d'Église française, un culte schismatique. Celui-ci installa à Clichy un de ses vicaires, l'abbé Auzoux, qui trouva l'église fermée par ordre de l'autorité supérieure ; les cérémonies s'accomplirent donc en plein air, et cette situation dura jusqu'en 1833, date à laquelle fut nommé un curé orthodoxe.

Pendant cette période, la commune avait été fort éprouvée par l'épidémie de choléra de 1832. Elle témoigna sa reconnaisssance au docteur Souchal qui avait fait preuve du plus grand dévouement à soigner les malades en lui offrant une trousse de médecin avec inscription commémorative (délibération municipale du 12 mai 1832).

« La Révolution de 1848, a écrit l'abbé Lecanu l'année même où l'événement s'accomplissait, émut profondément la population. Elle applaudit à la chute d'un trône, mais, en même temps, elle fit preuve d'un grand amour de l'ordre, et cette preuve, elle l'a renouvelée pendant les funestes journées de juin ; la garde nationale n'a cessé de se montrer animée du plus excellent esprit » (p. 278). — Ajoutons que, le 28 février 1848, le Conseil municipal avait, en donnant son adhésion à l'établissement de la République, voté unanimement 500 francs pour les citoyens blessés dans les journées des 22, 23 et 24 février. — Le 12 décembre 1851, il vota, avec non moins d'empressement, son adhésion « aux mesures de salut public prises par M. le Président de la République », c'est-à-dire au coup d'État.

Durant le second Empire, la ville de Clichy se transforma. Redevenue, comme nous l'avons dit, limitrophe avec la capitale, elle sentit quelles obligations lui imposait ce voisinage. L'avenue de Clichy, au delà des fortifications, se terminait en impasse sur la route de la Révolte ; il fallait prendre cette route à gauche pour atteindre, cinquante mètres plus loin, la rue de Paris, alors la seule grande artère du bourg. Le 26 février 1859, il fut question pour la première fois, au Conseil municipal, d'ouvrir une large voie continuant l'avenue de Clichy et traversant la commune du Sud au

Nord jusqu'à la Seine. Quelques mois plus tard, le 11 juin 1859, fut prise à ce sujet une délibération formelle, dont voici le texte :

Sont approuvés les études préparatoires et les plans dressés par les soins du Maire à l'effet d'obtenir du département que la route départementale n° 14 soit changée de direction à partir de son point d'intersection avec la route départementale n° 11 et prolongée en ligne droite, à la largeur de 20 mètres, jusqu'à la Seine en inclinant vers la route départementale n° 7.

Et pour faciliter l'exécution de cette œuvre d'intérêt général à laquelle il devra être procédé par voie d'expropriation pour cause d'utilité publique, offre sera faite au département d'une subvention de 250.000 francs à payer par la commune de Clichy en cinq annuités successives de 50.000 francs, au moyen de ressources à provenir de l'extension du tarif de l'octroi communal et des droits de stationnement des bateaux sur le port de Clichy.

Un décret du 15 octobre 1861 ratifia ces engagements. Quelques années plus tard, le nouveau boulevard, — boulevard de Paris alors, puis boulevard Saint-Vincent-de-Paul, et boulevard National aujourd'hui, — fut ouvert à la circulation. On a peine à imaginer qu'il n'ait pas toujours existé.

Une solennité nautique mit en fête les rives de la Seine, du côté de Clichy, le 9 mars 1866. Ce jour-là, en présence de l'empereur, du prince Napoléon et du ministre de la marine, fut lancée, en face d'Asnières, une trirème de forme antique, construite d'après les dessins de Jal, décorée par le peintre Morel-Fatio : « Dans quelques jours, ajoute le journal auquel nous empruntons ce renseignement, la galère antique ira jeter l'ancre dans le port de Saint-Cloud, devant les cascades. Elle attendra le beau temps et les ordres de l'Empereur pour se livrer à ses premières excursions sur la Seine. » (*Le Monde illustré,* 16 mars 1866.)

L'embellissement de Clichy réalisé par l'ouverture du boulevard de Paris impliquait comme conséquence naturelle la construction d'un pont continuant cette voie jusqu'à Asnières. Le projet du pont avait même précédé celui du boulevard, car, dès le 10 février 1842, le Conseil avait pris une délibération très fortement motivée sur la nécessité de jeter un pont dans le prolongement de la rue de Paris, — celui d'Asnières (ouvert en 1826) ne servant que pour Monceaux aux relations entre les deux rives de la Seine. Ce n'est qu'en 1867 (décret du 13 mars) que le nouvel ouvrage fut déclaré d'utilité publique. Il était à peine achevé, et non encore livré à la circulation en 1870, lorsque éclata la guerre franco-allemande, et les populations riveraines eurent la douleur d'en voir détruire les deux travées extrêmes. On jugeait cette mesure indispensable à la défense du territoire.

A lire les délibérations municipales de cette époque, on croirait que le Conseil ne quitta pas Clichy, car le registre mentionne invariablement les réunions « à la mairie, lieu ordinaire des séances ». Il n'en est rien : la municipalité et les habitants se réfugièrent à Paris, où un local, situé rue de Saint-Pétersbourg, n° 39, servit de mairie (il fallut, le 28 juin 1872, ouvrir un crédit de 600 francs pour les frais de mise en état de cet immeuble).

L'insurrection communaliste et le second siège de Paris furent plus néfastes pour la ville de Clichy que ne l'avait été la guerre avec l'étranger. Les forces parisiennes l'occupèrent d'avril à mai, engageant chaque jour de meurtrières escarmouches avec les troupes versaillaises cantonnées à l'Ouest de Neuilly. L'octroi, qui avait été rétabli le 1er mars 1871, cessa peu après de fonctionner ; la vie municipale fut interrompue du 25 février au 28 juin. On se fera une idée du désastre que valut à Clichy la guerre civile en apprenant que, dans la répartition des dommages à réparer, la remise en état des édifices municipaux fut comprise pour une somme de 19.450 francs (délibération du 10 novembre 1873).

Nous n'avons plus, maintenant, qu'à enregistrer des événements heureux ou féconds pour la prospérité de Clichy : inaugurations d'édifices municipaux (mairie et groupes scolaires), d'établissements dus à la générosité privée (fondations Roguet-Sanzillon et Léo Delibes), de centres industriels assurant du travail à la population laborieuse, et notamment de la vaste usine municipale où prend naissance le siphon d'Asnières-Clichy, un des organes principaux de l'aqueduc d'assainissement d'Achères.

Ajoutons qu'en 1897, la Ville de Paris a remis à la mairie de Clichy, dans la forme d'un dépôt de durée indéfinie, deux toiles ayant figuré à l'Exposition universelle de 1889 et représentant : la première, les seigneuries de Clichy et de Monceaux en 1789 ; la seconde, les VIIIe et XVIIe arrondissements de Paris en 1889. Ces vues comparatives de restitution avaient été exécutées, sous la direction de M. Hochereau, par M. Eugène Bourgeois.

L'histoire de Batignolles et de Monceaux, hameaux détachés de Clichy pour former une commune distincte à partir de 1830, mais réunis à Paris en 1860, trouvera place dans une notice spéciale, mais il convient de dire un mot ici de Courcelles et de la Planchette, qui furent des écarts de Clichy jusqu'à leur annexion à Levallois-Perret.

Une localité nommée *Curteciolum* figure parmi les biens donnés en 1060 par Philippe 1er à l'abbaye de Saint-Denis. Faut-il y voir le Courcelles voisin de Clichy? Le voisinage de l'abbaye permettrait de le supposer, mais le nom est fréquent, et l'on n'a pas le droit d'être affirmatif. En revanche, c'est certainement ce lieu qui est mentionné dans une charte de 1172 ou 1173, publiée dans le *Cartulaire général de Paris* (t. I, p. 422-423): Jean de Courcelles, *de Corcellis*, y figure parmi les signataires, à côté de plusieurs personnages de Clichy; Clerembaut, maire de Clichy, Guerry de Clichy, Ansold de Clichy, Hermann de Clichy.

Au moyen âge et même jusqu'à notre époque, Courcelles est indiqué comme une simple ferme, dont l'étendue faisait toute l'importance, et à laquelle aboutissait le chemin détaché de « la grant rue du faubourg Saint Honoré », qui, aujourd'hui encore, porte dans Paris et dans Levallois-Perret le nom de rue de Courcelles. La ferme et ses dépendances s'étendaient le long de cette voie et du grand chemin de Clichy à Neuilly, aujourd'hui rue Gide.

Non loin s'élevait la Planchette, domaine rural devenu plus tard un château. C'est à tort que Lebeuf l'a reconnue, malgré les apparences, dans une donation faite en 1528 par François 1er à Adrien de Courcelles; il s'agit d'une localité située en Normandie. La Planchette était située entre le chemin de Courcelles et celui d'Argenteuil; son territoire, ainsi que celui de Courcelles, constitue maintenant la partie Nord-Est de Levallois-Perret et n'est séparé de Clichy que par les voies du chemin de fer de l'Ouest.

II. — MODIFICATIONS TERRITORIALES ET ADMINISTRATIVES

Il n'est pas de commune, dans le département, qui ait subi de plus fréquents et de plus sensibles retranchements de territoire que celle de Clichy. Jusqu'à la Révolution, on le sait, l'étendue du territoire municipal correspondait partout à celle de la paroisse; c'est donc la superficie de ce territoire paroissial dont nous allons donner la division en sections, faite par les officiers municipaux de Clichy, au commencement de 1791, mais il faut noter que, dès l'année 1699, la création de la paroisse Saint-Philippe du Roule avait eu pour effet de retrancher à celle de Clichy un groupe de maisons situées entre la grande rue du faubourg du Roule (rue du Faubourg-Saint-Honoré), le chemin de Courcelles (rue de Courcelles), la rue de la Pépinière (rue La Boétie) et les murs des jardins de Monceaux, du côté Sud.

D'autre part, un décret de l'Assemblée nationale, du 19 octobre 1790, consacrant une loi du 21 mai-27 juin 1790 et un autre décret du 6 juin 1790, avait stipulé que les limites des communes contiguës à la capitale seraient formées par la ligne du mur de la nouvelle enceinte entreprise en 1784 (boulevards extérieurs). En conséquence, le territoire de Clichy, qui jusque-là s'étendait sur une partie, faible d'ailleurs, des VIIIe et IXe arrondissements actuels, se termina, du côté du Midi, aux boulevards de l'enceinte en question, dénommés aujourd'hui boulevards de Courcelles, des Batignolles et de Clichy.

C'est dans ces conditions que, le 13 janvier 1791, la municipalité divisa son territoire en quatorze sections, dont nous donnons le tableau d'après le premier registre de délibérations municipales conservé à la mairie :

1° La section des *Grenetiers,* limitée à l'Est par le territoire de Saint-Ouen; au Nord par la Seine; à l'Ouest par la ruelle du carrefour de l'Échelle; au Midi par le chemin du Landy et la grande rue de Clichy;

2° La section des *Vesseries,* limitée à l'Est par Saint-Ouen; au Nord par le chemin du Landy; à l'Ouest par la rue Marthe [1]; au Sud par la grande route de Saint-Cloud à Saint-Denis;

3° La section des *Épinettes,* limitée à l'Est par Saint-Ouen; au Nord par la route de Saint-Cloud à Saint-Denis; à l'Ouest par le chemin de Clichy à Montmartre; au Sud par la grande route pavée de Paris à Saint-Ouen;

4° La section des *Grandes-Carrières,* limitée à l'Est par Saint-Ouen; au Nord par la route de Paris à Saint-Ouen; à l'Ouest par la route de Paris à Clichy; au Sud par une portion de boulevard de la nouvelle enceinte de Paris et le territoire de Montmartre;

5° La section des *Appointons,* limitée à l'Est par la route de Paris à Clichy et Saint-Ouen; au Nord par le chemin des Moines; à

[1] Aujourd'hui, rue Martre.

l'Ouest par la rue de Lévis, à Monceaux ; au Sud par une portion du boulevard de la nouvelle enceinte ;

6° La section de *Monceaux,* limitée à l'Est par la rue de Lévis, à Monceaux, et la route d'Argenteuil ; au Nord par les maisons de Lecomte, Dumur, Capron, les murs du clos de M. Bron et en droite ligne jusqu'au bureau de la barrière de Courcelles ; à l'Ouest en pointe au chemin de Courcelles à Paris ; au Sud par une portion du boulevard de la nouvelle enceinte ;

7° La section des *Ternes,* limitée à l'Est par le chemin de Courcelles à Paris ; au Nord par la grande route de Saint-Cloud à Saint-Denis et par une hache au chemin des Dames ; à l'Ouest par le territoire de Villiers-la-Garenne et par ladite hache de l'ancienne route de Paris à Neuilly ; au Sud par une portion du boulevard de la nouvelle enceinte ;

8° La section de la *Vigne aux Prêtres,* limitée à l'Est par le chemin de Monceaux à Asnières et à Argenteuil ; au Nord par le chemin de Clichy à Villiers et à Neuilly ; à l'Ouest par le territoire de Villiers ; au Sud par la grande route de Saint-Cloud à Saint-Denis ;

9° La section de *Courcelles,* limitée à l'Est par la ruelle du carrefour de l'Échelle et une portion de la rue de Paris ; au Nord par la Seine ; à l'Ouest par le territoire de Villiers ; au Midi par la rue Royale et le chemin de Clichy à Villiers et à Neuilly ;

10° La section de *Chaussemilly,* limitée à l'Est par la rue de Paris ; au Nord par la rue Royale ; à l'Ouest par le chemin de Monceaux à Asnières ; au Sud par la grande route de Saint-Cloud à Saint-Denis ;

11° La section de la *Couronne,* limitée à l'Est par le chemin de Monceaux à Asnières ; au Nord par la grande route de Saint-Cloud à Saint-Denis ; à l'Ouest par le chemin de Courcelles à Paris ; au Sud par lesdites maisons de Lecomte, Dumur, Capron, etc.

12° La section des *Tapissières,* limitée à l'Est par la grande route de Paris à Clichy ; au Nord par celle de Saint-Cloud à Saint-Denis, à l'Ouest par le chemin de Monceaux à Asnières ; au Sud par le chemin des Moines, la rue et la place de Monceaux ;

13° La section des *Batignolles,* limitée à l'Est par le chemin de Clichy à Montmartre ; au Nord par la grande route de Saint-Cloud à Saint-Denis ; à l'Ouest par la grande route de Paris à Clichy ; au Sud par la grande route de Paris à Saint-Ouen ;

14° La section de *Clichy,* limitée à l'Est par la rue Marthe ; au Nord par la grande rue de Clichy, la place de l'Église et la rue qui conduit à Saint-Ouen ; à l'Ouest par la rue de Paris ; au Sud par la grande route de Saint-Cloud à Saint-Denis.

Voici maintenant l'indication des territoires et des voies auxquels correspondent aujourd'hui ces sections, de façon à montrer synoptiquement l'étendue de la commune de Clichy, il y a cent ans, et son état actuel :

1° *Territoire de Clichy.* — Désignation actuelle : Saint-Ouen ; la Seine ; rues Fournier, Pasteur, de l'Abreuvoir ; rues Villeneuve et de Neuilly.

2° *Territoire de Clichy.* — Désignation actuelle : Saint-Ouen ; rue du Landy ; rue Martre ; boulevard Victor-Hugo.

3° *Territoires de Clichy et de Paris* (XVII° arrondissement). — Désignation actuelle : Saint-Ouen ; boulevard Victor-Hugo ; chemin des Bœufs et rue de la Jonquière ; avenue de Saint-Ouen.

4° *Territoire de Paris* (XVIII° arrondissement). — Désignation actuelle : Saint-Ouen ; avenue de Saint-Ouen ; avenue de Clichy ; boulevard de Clichy et rue Marcadet.

5° *Territoire de Paris* (XVII° arrondissement). — Désignation actuelle : avenue de Clichy ; rue des Moines ; rue de Lévis ; boulevard des Batignolles.

6° *Territoire de Paris* (XVII° arrondissement). — Désignation actuelle : rues de Lévis et de Tocqueville ; une ligne suivant à peu près le tracé de la rue de Tocqueville jusqu'à l'avenue de Wagram ; cette avenue jusqu'à la rue de Courcelles ; cette rue jusqu'au boulevard de Courcelles ; ledit boulevard jusqu'à la rue de Lévis.

7° *Territoires de Paris* (XVII° arrondissement) *et de Levallois-Perret.* — Désignation actuelle : rue de Courcelles ; route de la Révolte (à Levallois-Perret) ; avenue des Ternes et rue Poncelet ; boulevard de Courcelles.

8° *Territoire de Levallois-Perret.* — Désignation actuelle : rue Victor-Hugo ; rue Gide ; rue de Villiers ; route de la Révolte.

9° *Territoires de Levallois-Perret et de Clichy.* — Désignation actuelle : rues Fournier, Pasteur, de l'Abreuvoir, de Paris ; la Seine ; rue de Villiers ; rues de Neuilly et Gide.

10° *Territoires de Clichy et de Levallois-Perret.* — La dénomination Chaussemilly est la corruption du nom d'une remise de chasse dite Chasse-midy. (Il existe actuellement dans la commune une rue dite de la Chanse-Milly.) Désignation actuelle : rue de Paris ; rue de Neuilly ; rue Victor-Hugo (à Levallois) ; boulevard Victor-Hugo (à Clichy) et route de la Révolte (à Levallois).

11° *Territoire de Paris* (XVII° arrondissement) *et zone militaire.* — Désignation actuelle : rue de Tocqueville ; route de la Révolte ; rue de Courcelles ; une ligne suivant à peu près le tracé de la rue de Tocqueville, etc., voy. le numéro 6 (à Paris).

12° *Territoire de Paris* (XVII° arrondissement) *et zone militaire.* — Désignation actuelle : avenue de Clichy ; boulevard Victor-Hugo et route de la

Révolte; rue des Tocqueville et de Lévis; rues des Moines, Legendre et place de Lévis.

13° *Territoire de Paris* (XVII° arrondissement). — Désignation actuelle: chemin des Bœufs et rue de la Jonquière; boulevard Victor-Hugo; avenue de Clichy; avenue de Saint-Ouen.

14° *Territoire de Clichy.* — Désignation actuelle: rue Martre; rues du Landy et de l'Ancienne-Mairie; rue de Paris; boulevard Victor-Hugo.

Comme on le voit, la commune de Clichy s'étendait sur une superficie plus grande des deux tiers que celle qu'elle possède actuellement; les fortifications, si elles avaient existé alors, l'auraient partagée en deux parties, Nord et Sud, à peu près égales; celle du Sud comprenait les neuf dixièmes du XVII° arrondissement et un dixième environ du XVIII°. Nous allons dire maintenant comment ces deux tiers de territoire lui ont été successivement enlevés par la création de la commune de Batignolles-Monceaux et par celle de Levallois-Perret.

Au commencement du XIX° siècle, la commune de Montmartre tenta d'annexer à son territoire le hameau de Batignolles, qui n'était encore que peu habité. La délibération du 6 avril 1807 par laquelle elle formula, ou plutôt renouvela cette demande d'annexion, témoigne d'une grande franchise: « Le Conseil déclare que jamais les Batignoles (*sic*) n'ont fait à sa connaissance, partie du territoire de la commune de Montmartre; que la commune n'a point de titres pour revendiquer l'adjonction des Batignoles à son territoire », mais qu'en somme, ayant été privée, au moment de la Révolution, de quarante hectares de terrain réunis à la commune de la Chapelle, cette compensation lui paraît due, d'autant plus que les Batignolles sont beaucoup plus rapprochées de Montmartre que de Clichy.

Tel fut aussi l'avis du préfet de la Seine et du sous-préfet de Saint-Denis; il s'agissait de distraire 19 hectares 65 ares, ou environ 60 arpents, situés en deçà et au delà du chemin de Monceaux (rue des Moines), produisant 50 francs de revenu, somme insignifiante pour la commune de Clichy dont l'actif était de 1.650 francs, tandis que celui de Montmartre n'était que de 620 francs.

Néanmoins, par lettre du 5 mai 1808, le Ministre de l'intérieur décida « qu'il ne serait pas juste de priver la commune de Clichy d'une partie de ses revenus »[1].

1. Voy. dans le Bulletin de la Société *le Vieux Montmartre*, 1er trimestre de 1897: « Deux Pages de l'histoire administrative de Montmartre », par Fernand Bournon.

La prospérité des Batignolles et de Monceaux devint telle sous le premier Empire et la Restauration que leurs habitants se concertèrent en vue de se détacher de Clichy et de constituer une commune distincte. Il était facile de prévoir que la municipalité de Clichy ne pouvait que protester contre cette entreprise. Voici le texte de la délibération qu'elle prit, le 10 août 1828 :

L'an mil huit cent vingt huit, le dix août, à dix heures du matin,

Le Conseil municipal de la commune de Clichy légalement convoqué en vertu de l'arrêté de M. le Maître des Requêtes sous-préfet de l'arrondissement de Saint-Denis en date du 6 du courant, s'est réuni au lieu ordinaire de ses séances à la Mairie. Etoient présents....

M. le Maire donne lecture de l'arrêté sus-énoncé portant convocation du Conseil à l'effet de donner son avis sur une demande faite par les habitants de Batignolles et de Monceaux, dépendances de la commune de Clichy, afin que ces annexes fussent distraites de la commune de Clichy.

Le Conseil, considérant que, depuis qu'un octroi est établi dans la commune de Clichy, les fonds en provenant ont été employés presqu'exclusivement pour payer des travaux exécutés aux Batignolles et à Monceaux; qu'il n'est pas juste qu'au moment où Clichy chef-lieu a besoin de faire de fortes dépenses pour l'assainissement de ses principales rues, on demande une séparation qui mettrait les habitants de ce chef-lieu dans l'impossibilité de faire exécuter des travaux reconnus indispensables par l'autorité supérieure ; ces travaux intéressent aussi les habitants des Batignolles et de Monceaux, puisque dans le projet conçu, Clichy recevra plus tard les eaux de ces deux annexes; si ces travaux n'ont pas lieu, il s'en suivra que Clichy se trouvera submergé par les eaux ménagères et pluviales de ces deux hameaux, sans moyen de s'en débarrasser, puisqu'une fois séparé de ses annexes la dépense sera bien au dessus de ses ressources;

Considérant aussi que la division une fois opérée, il ne restera plus à chaque commune de quoi faire face même aux dépenses ordinaires, puisqu'il faudra deux employés pour chaque service, qu'on payera presque aussi cher qu'ils le sont maintenant. Comment fera la nouvelle commune pour avoir une mairie, un cimetière, un presbytère, et pour finir son église, qui à elle seule exige encore pour être achevée une dépense de plus de trente mille francs ? La séparation projetée ne ferait que gêner les deux communes sans aucun avantage pour l'une ni pour l'autre;

Considérant enfin que les pétitionnaires avancent que la population des deux annexes est plus forte que celle de Clichy, ce qui est complètement faux; qu'ils sont éloignés de trois quarts de lieue de Clichy, tandis qu'il y a au plus cinq cents toises; que plusieurs communes de l'arrondissement, telles que Neuilly, Montmartre, etc., sont dans la même position que celle de Clichy et se trouvent avoir une aussi grande distance à parcourir pour arriver à leur mairie; et enfin, qu'une fois l'église des Batignolles et de Monceaux achevée, il sera placé pour ces deux annexes un vicaire qui fera le service sous les ordres du curé de Clichy; on pourra même au besoin y établir un cimetière pour l'inhumation des décédés de cette partie de la commune de Clichy,

Le Conseil est d'avis que cette séparation n'ait pas lieu, et qu'on fasse de Clichy, des Batignolles et de Monceaux une ville, ce qui sera beaucoup plus avantageux pour les habitants et pour le gouvernement.

Et ont tous les membres présents signé ladite délibération, excepté M. Soumagniat, dit Magny, qui a dit ne point y prendre part. Ainsi signé au registre : Dubussy, Boffrand, Legrand, Vacquelin, Moreau, Cousin et Buisson de Saint-Sulpice, maire.

On conserve aux Archives de la Seine le précieux cahier manuscrit des délibérations du Conseil d'arrondissement pour la session de 1828 (13 août et jours suivants). Le Conseil, saisi de la question de disjonction, émit un avis favorable, et enfin l'ordonnance du 10 février 1830 consacra l'existence indépendante de la commune de Batignolles-Monceaux, dont la durée allait être de trente années.

Nous empruntons au carton D. M. 7 du même dépôt les deux documents qui suivent :

L'an mil huit cent quarante deux, le quatorze avril...
Le Conseil municipal de la commune de Clichy...
Vu 1° la lettre de M. le Sous-Préfet de Saint-Denis en date du 2 de ce mois,
2° Le procès-verbal de conférence entre le maire de Clichy et le chef du génie des Batignolles au sujet de la suppression du sentier limitrophe des territoires de Neuilly et Clichy rendue nécessaire par le mur d'enceinte continue des fortifications de Paris approuve l'avis exprimé par M. le Maire de Clichy et vote la suppression dudit sentier, sous les réserves insérées au procès-verbal de conférence, en date du vingt décembre dernier...

D'autre part, voici la délibération que, le 24 août 1857, le Conseil municipal de Clichy fut amené à prendre sur l'importance de la commune et sa division possible en quartiers :

En étudiant la manière dont la population actuelle de Clichy s'est répartie sur le territoire, on remarque ceci : en dehors du centre, des groupes d'habitations existaient de temps immémorial et portaient des noms particuliers, comme les Bournaires, du côté de Saint-Ouen, Courcelles et la Planchette, du côté de Neuilly.

Depuis une vingtaine d'années, la population de Paris refluant sur la banlieue et surtout sur la partie Nord, il s'éleva de nouveaux groupes aux extrémités du territoire de Clichy, surtout du côté de Neuilly. Ces agglomérations diverses reçurent de l'usage le nom de villages, et nous eûmes : le village Mayeux, à l'angle des routes de la Révolte et d'Asnières ; le village Levallois, à l'angle des rues du Bois et de Courcelles, au centre de la rue de Villiers, et le village Cavé, au bout de la Seine, près de Courcelles...

Après avoir constaté que la population était de 12.270 âmes au recensement de 1856, le maire proposa la division du territoire en six quartiers : quartier du Landy, des Bournaires, du Port, du Centre, de Courcelles, de Levallois, et le Conseil décida de nommer une Commission qui examinerait la question.

On approchait du moment où l'extension des limites de Paris, décidée par la loi du 16 juin 1859, allait, par l'absorption dans Paris de la commune de Batignolles-Monceaux, rendre à Clichy, à dater du 1er janvier 1860, le voisinage immédiat de la capitale, dont cette commune le séparait. Le Conseil municipal de Clichy en délibéra le 7 mars 1859, et s'y montra très favorable, à l'unanimité, moins une voix :

Heureux de s'associer de son vote à une mesure, dont l'exécution en rendant Paris la plus grande comme déjà elle est la plus belle des capitales, donnera un nouveau lustre au règne glorieux de Napoléon III, le Conseil approuve le projet d'agrandissement de la Ville de Paris, et émet le vœu que les populations de la zone soient maintenues dans l'administration des communes *extra muros*.

Mais dans le cas où ce vœu ne serait pas pris en considération, le Conseil demande que les droits d'octroi à appliquer aux habitants de la zone contiguë à la commune de Clichy ne soient pas inférieurs à ceux auxquels sont soumis les habitants de cette même commune, et, dans tous les cas, que pour faire cesser l'état précaire des propriétés situées dans la zone et le préjudice causé à ceux qui les possèdent, il soit immédiatement procédé pour cause d'utilité publique à l'expropriation de cesdites propriétés.

L'accroissement d'importance dû au voisinage immédiat de Paris allait, peu après, avoir pour la ville de Clichy une contre-partie fort sensible. Depuis sa fondation, en 1846, le « village Levallois » avait eu un très rapide développement, libéralement favorisé par la municipalité de Clichy ; en quelques années, il était, lui aussi, devenu une ville, et l'extension des limites de Paris le plaça dans la même condition limitrophe de la capitale. Les personnes qui s'intéressaient à sa prospérité ne manquèrent pas de tirer parti de cette situation et, dès 1861, commencèrent à parler d'émancipation. Nous avons exposé avec détails dans la Notice sur Levallois-Perret (pp. 13-23), les phases diverses de la campagne très habilement menée en vue de cette solution ; nous avons donné notamment le texte des objections qu'y fit, en 1862, le maire de Clichy, M. Maës. Il suffira donc de rappeler ici que, finalement, la loi du 30 juin 1866 érigea en commune distincte Levallois-Perret ; jusqu'au dernier moment, la nouvelle commune dut porter le nom de Courcelles, qui du moins aurait consacré un souvenir du passé ; la vanité d'un homme sut l'emporter sur les droits de l'histoire, dotant la ville ainsi fondée d'une dénomination que l'on a le droit de ne pas juger heureuse.

Signalons enfin une déclaration du Conseil municipal de Clichy à la date du 9 juillet 1875, renouvelée le 20 août suivant, en vue d'obtenir l'extension des limites de la commune jusqu'au chemin de fer des Docks, pour faire disparaître la limite artificielle qui existe. Il y a, dit la délibération, sur la route de la Révolte, une maison justiciable par moitié des deux octrois de Clichy et de Saint-Ouen.

Cet état de choses a été cependant maintenu.

III. — ANNALES ADMINISTRATIVES. — LISTE DES MAIRES

Organisation administrative. — L'*Almanach général du département de Paris* pour 1791 contient le curieux tableau du personnel administratif de la première municipalité réelle de Clichy :

MAIRE

M. SORET, Georges, blanchisseur.

OFFICIERS MUNICIPAUX

MM. CARDINET, Philippe, marchand de vin.
BOURGEOIS, Pierre, meunier.
TIPHAINE, Charles-Pierre, marchand épicier.
GILLET, Jacques, laboureur.
RAFFARD, Denis-Alexis, blanchisseur.

NOTABLES

MM. DEVAUX, Jacques, meunier.
FONTAINE, Nicolas, fermier.
BOFFRAND, Nicolas, marchand de vin chaircuitier.
CASAUBON, Philippe, chirurgien.
DUBUSSY, Jean-Louis, pâtissier-traiteur.
POITEVIN, Louis-Auguste, laboureur.
MARAIS, François, blanchisseur.

VINCENT, Pierre, laboureur.
PAILLÉ, Jean, blanchisseur.
HUGENET, Henry, maçon.
LAROCHE, François, maréchal.
BOZELLE, Michel, tailleur de pierres.

PROCUREUR DE LA COMMUNE

M. BILLARD, Paul-Alphonse, greffier au ci-devant bailliage.

TRÉSORIER

M. GILLET, Étienne, laboureur.

SECRÉTAIRE-GREFFIER

M. SORET, François, maître d'école.

Le 10 février 1842, le Conseil municipal considérant que « la police devenait de jour en jour plus importante », ouvrit un crédit de 1.500 francs pour la création d'un emploi d'appariteur communal.

Le 7 février 1847, « le desservant ayant fait défense à son bedeau, par une disposition réglementaire intérieure dont le Conseil ne peut se rendre compte, de sonner la cloche nationale », fut créé l'emploi d'un sonneur, « qui se rendra au clocher et sonnera aux trois époques du jour, 5 heures du matin, midi et 7 heures », moyennant un traitement de 100 francs par an.

Un poste de médecin-inspecteur, chargé de constater les naissances à domicile, au traitement de 600 francs par an, fut créé à dater du 1er octobre 1868. Jusque-là, les nouveau-nés étaient présentés à la mairie, quelle que fût la rigueur de la saison.

A la date du 20 juin 1872, le Conseil décida que, dès ce jour, les délibérations seraient affichées à la porte de la mairie.

Vicariat. — Nous lisons dans une délibération du 11 mai 1826 : « ...Le maire, malgré la conviction où il est qu'un vicaire serait nécessaire à la paroisse, pense que les fonds pour cette augmentation de dépense pourront être plus convenablement votés lorsque la nouvelle église qui va être construite sera achevée. » Par cette « nouvelle église », il faut entendre l'église Sainte-Marie des Batignolles qui, quatre ans plus tard, allait devenir la paroisse de la nouvelle commune de Batignolles-Monceaux.

Quant au vicariat, il n'en fut pas moins créé, par délibération du 14 mai 1829, avec un traitement annuel de 300 francs.

Instruction. — Avant la Révolution, l'église donnait l'instruction gratuite, tant bien que mal, aux enfants pauvres du pays ; c'était plutôt, à vrai dire, un catéchisme qu'une école. Nous venons de voir toutefois qu'en 1790, la commune était pourvue d'une école dont le maître était en même temps secrétaire-greffier de la municipalité.

Une délibération du 9 août 1833 nous apprend que, si la commune avait un instituteur, elle n'avait pas de local propre à l'enseignement ; la délibération constate que les ressources financières manquent pour compléter le traitement de cet instituteur et construire une école ; elle conclut en reconnaissant la nécessité d'exposer cette situation à l'autorité supérieure.

L'école fut installée deux ans plus tard dans le local de la mairie.

Au mois de septembre 1867, la municipalité consultée sur la situation de l'enseignement primaire à Clichy donna les indications suivantes : la commune possède une école de garçons où le soir se tient une classe d'adultes ; une école de filles ; un asile. La *gratuité* est admise et pratiquée depuis douze à quinze ans. En conséquence, les traitements des maîtres et maîtresses sont de 4.000 francs pour cinq frères de la Doctrine chrétienne dirigeant l'école des garçons et la classe d'adultes : de 1.400 francs pour l'institutrice ; de 800 francs pour sa sous-maîtresse ; de 1.400 francs pour la directrice d'asile et de 400 francs pour la femme de service attachée à l'asile. La commune perçoit trois centimes additionnels au principal des contributions directes pour se couvrir des frais divers de l'instruction publique.

Bibliothèque populaire. — le 1er août 1872, une Commission fut nommée dans le sein du Conseil municipal pour examiner la proposition d'une « bibliothèque populaire à Clichy dans le but de favoriser l'instruction morale, littéraire, professionnelle de tous ». En 1875, nous trouvons cette bibliothèque installée rue Saint-Médard, n° 4, à l'extrémité de la ville ; aussi, par délibération du 13 septembre, sa translation dans la salle de réunion voisine de la mairie est décidée, et le Conseil vote à cet effet un crédit de 200 francs. En même temps, une subvention de 1.300 francs était allouée à l'Association philotechnique, récemment autorisée.

Octroi. — Le 11 mai 1824, le maire présentait à l'assemblée municipale un rapport établissant que les recettes communales s'élevaient à 3.460 fr. 55 et les dépenses à 5.334 fr. 76. Des ressources nouvelles étaient donc indispensables, et le meilleur moyen lui paraissait être la création d'un octroi. Ce fut l'avis du Conseil : « Le Conseil, après avoir mûrement délibéré sur cette nouvelle proposition de M. le maire, et reconnaissant toute sa justesse et les avantages qui pourront en résulter, est unanimement d'avis qu'il soit établi un octroi dans la commune de Clichy. »

De fréquentes modifications furent apportées à son administration : nous rappellerons notamment le texte d'un règlement nouveau, élaboré le 8 décembre 1833, et une revision totale du tarif, votée par délibération du 29 janvier 1897, approuvée par décret du 10 novembre suivant.

Perception des contributions directes. — Une délibération municipale du 12 septembre 1834 autorisa le percepteur, M. César Lafontaine, à résider à Batignolles-Monceaux (commune créée en 1830) « à condition de se rendre une fois par mois dans la commune de Clichy pour y faire le recouvrement des impôts ».

Justice de paix. — Par décret en date du 29 décembre 1900, le juge de paix du canton de Neuilly a été autorisé à tenir, chaque semaine, une audience supplémentaire à Clichy.

Commissariat de police. — A la date du 25 octobre 1825, le Conseil reconnut que l'établissement d'un commissariat de police devenait de jour en jour plus indispensable en raison de l'affluence des étrangers, du voisinage de Paris, de l'augmentation des affaires commerciales et de l'agrandissement continuel « des quatre hameaux qui composent la commune : Clichy, Monceaux, les Batignolles, la Planchette ». A cet effet, il vota un crédit de 1.600 francs par an, à prélever sur les produits de l'octroi, et de 600 francs pour l'indemnité de logement et les frais de bureau du commissaire. L'emploi fut effectivement créé, mais, le 14 mai 1829, le Conseil refusa d'allouer l'augmentation que demandait le commissaire, et, le 13 janvier 1831, il supprima complètement le crédit « en raison de l'abaissement de la population, et de l'éloignement du siège principal du commissariat ». La commune de Batignolles-Monceaux venait d'être créée. — A la date du 5 mai 1833, sur consultation du Ministre de l'intérieur, il se refusa à revenir sur son vote, faute de ressources, et aussi parce que l'urgence du rétablissement ne lui apparaissait pas ; mais, le 14 avril 1851, il réclama de nouveau cette institution et vota spécialement un crédit de 400 francs devant s'ajouter aux 2.600 francs qui constituaient déjà le budget de la police municipale. Par décret du 5 mai 1851, M. Ducatte (Jean-Baptiste) fut nommé commissaire de police de Clichy.

Le 9 novembre 1870, le Conseil émit le vœu que le commissariat fût supprimé et réuni à l'autorité municipale, — vœu qui ne fut pas réalisé. Le 8 juin 1875, il demanda que les locaux occupés par le commissariat fussent affectés à l'installation d'un économat de la mairie, emploi à créer. La construction d'une nouvelle mairie, qui s'acheva peu après, enleva toute opportunité à ce projet de déplacement.

Gendarmerie. — Par décret du 11 décembre 1896, l'installation d'une deuxième brigade de gendarmerie à Clichy a été déclarée d'utilité publique, et le Préfet de la Seine a été autorisé à acquérir les immeubles nécessaires à cette installation.

Habitations à bon marché. — Un arrêté du Ministre du commerce (M. Mesureur), en date du 15 avril 1896, a approuvé les statuts de la Société anonyme d'habitations à bon marché de Clichy, établie à Clichy, boulevard Victor-Hugo, n° 127. — Ajoutons qu'actuellement, se poursuit dans la commune l'édification d'une « Maison du peuple », propriété commune des syndicats ouvriers, et où ils tiendront leurs réunions.

Viabilité, voirie. — Le 14 mai 1829, le Conseil reconnaissant que la rue Martre était impraticable pendant plusieurs mois de l'année en raison de l'état du sol, vota un crédit de 17.850 francs pour le pavage de cette voie « en pavé bâtard ».

Aux dates des 16 octobre et 14 décembre 1831, les dénominations suivantes furent adoptées :

Rue Cousin, — anciennement rue d'Any (ou Dany), — de la rue de Paris à la rue Martre ;

Rue de la Fabrique (en raison de la fabrique de M. Roard), de la rue de Paris à la rue Martre ;

Rue du Réservoir, — anciennement du Lavoir, — de la rue du Landy à la Seine ;

Rue Saint-Médard, de la rue du Landy à la Seine ;

Rue de Seine, de la rue du Landy à une pièce de terre en culture.

Le 9 mai 1835, fut prise une délibération très motivée, tendant à demander les travaux d'assainissement nécessaires pour la salubrité du quartier du Landy, « déjà envahi par une grande quantité de blanchisseurs dont le commerce est l'un des plus importants du pays ; ce quartier est continuellement couvert d'eaux lessiviennes portant avec elles les odeurs les plus méphitiques ».

Le 17 mai 1877, de nouvelles dénominations furent votées : la rue Sainte-Marie reçut le nom de rue du Gymnase ; une section de la rue du Landy devint la rue de l'Ancienne-Mairie ; la rue Saint-Médard se confondit avec la rue de la Procession, et une partie de cette dernière voie prit le nom de rue des Bournaires.

Le 14 octobre 1878, le Conseil avait ratifié un traité présenté par M. Pinho, architecte, pour l'ouverture de rues et avenues dans le parc Roguet, rue de Neuilly, n° 10, avec promesse de vente par Mme la comtesse de Sanzillon. Aucune suite n'a été donnée à ce projet ; le terrain reste en partie vague, en partie occupé par l'industrie et les voies de garage et de la Compagnie des chemins de fer de l'Ouest.

La grande place publique de Clichy a été établie en vertu d'un décret du 16 juillet 1883, déclarant d'utilité publique cet établissement.

De même, un décret du 18 décembre 1896 a déclaré d'utilité publique le prolongement de la rue Vassou jusqu'à la rue du Landy.

Par décret du 23 avril 1900, a été approuvée la délibération municipale du 26 février 1900 attribuant à l'une des voies publiques de la commune le nom de Geulin.

Les dénominations à des voies publiques de « Madame-de-Sanzillon » et de « Général-Roguet », attribuées par délibération municipale du même jour, ont été également approuvées en vertu d'un décret du 26 mai 1900.

Un décret du 11 mars 1902 a donné le nom de rue Bardin à l'ancienne rue de l'Assomption.

Éclairage. — Le 13 mai 1831, le Conseil municipal vota l'établissement de cinq *nouveaux* réverbères (nous n'avons pas le texte de délibérations antérieures sur le même sujet) : deux, dans le quartier des Bournaires, à l'extrémité du village ; deux, rue Martre, qui n'en a qu'un ; un, au milieu de la rue de la Fabrique, « une des plus passagères, et qui, n'étant pas pavée, offre de grandes difficultés pour la circulation dans les nuits d'hiver ».

L'éclairage au gaz commença à être appliqué en 1847.

Moyens de transport. — Pendant la première moitié du XIXe siècle, Clichy fut desservi, — peu abondamment d'abord puisque la commune confinait à Paris, — par des services de voitures publiques que l'on nommait les Batignollaises et les Clichyennes. En 1849 (délibération du 6 novembre), leur stationnement fut reporté de la rue de Paris au carrefour de la Croix-Blanche, près de la rue du Guichet. Une délibération du 25 mai 1850 eut pour effet de transférer ce stationnement au carrefour des rues de Paris et du Landy. Quelques années plus tard, le service des Clichyennes fut absorbé par la Compagnie générale des Omnibus, qui en fit une de ses lignes de banlieue, dont le terminus se trouva sur le nouveau boulevard, dès que cette voie fut ouverte.

Le 1er avril 1876, fut créée la ligne de tramways (à traction animale) Place Moncey-Asnières, continuée, en 1877, jusqu'à Gennevilliers. L'avant-projet avait été approuvé par le Conseil municipal, le 14 décembre 1872.— Le 25 décembre 1891, cette ligne fut prolongée dans Paris jusqu'à la Madeleine. Le 25 janvier 1895, la traction mécanique (système Serpollet) lui fut appliquée ; l'électricité lui est actuellement substituée.

Quant à la station de Clichy-Levallois, sur le chemin de fer de l'Ouest, nous avons exposé, dans la Notice sur Levallois-Perret (p. 28), les péripéties dont elle fut l'objet. Promise à la population, dès 1837, date de la création de la ligne, elle ne fut ouverte qu'en 1843, pour être supprimée, l'année suivante, en raison de son peu de trafic, et ne fut rétablie qu'en 1869, à la suite d'incessantes réclamations du Conseil municipal de Clichy, auquel celui de Levallois-Perret joignit ses efforts dès qu'il exista, c'est-à-dire en 1867.

MAIRES DE CLICHY

SORET, GEORGES. 1790-1791.
TIPHAINE, CHARLES-PIERRE. 1791-1792. Démissionnaire.
GILLET, ÉTIENNE. Élu le 15 avril 1792. Mentionné de nouveau en 1800.
CHÉRET, SÉBASTIEN. An X-1805.
PAILLIÉ. 1806-1815.
DUSSARD, BONAVENTURE-JOSEPH. 1815-1823.

BONNEAU, Vincent. 1823-1828.
BUISSON DE SAINT-SULPICE, Gabriel-Alexandre. 1828-1830.
PLUVINET, Charles-Pierre. 1830-1831.
HUGUENET, Henri-Nicolas. 1831-1833.
GILLET, Étienne-Louis. 1833-1835.
BOURGEOIS, Henri-Alexandre. 1835-1839.
FOUQUET, Anatole. 1839-1849.
ADAM, Gabriel-Ambroise. 1849-1858. Démissionnaire.
MAËS, Louis-Joseph, 1858-1870.
MONOD, 1870-1876.
VILLENEUVE, Jean-Louis-Émile. 1876-1881.
GALLOT, Jacques-Alphonse. 1881-1886.
HELLET (le docteur), Paul-Louis. 1886-1900.
LARUELLE, Marie-Émile-Anatole. Élu le 19 mai 1900.

IV. — MONUMENTS ET ÉDIFICES PUBLICS

Mairie. — Les plus anciennes délibérations municipales (février 1790) mentionnent toujours les assemblées générales des habitants dans l'église, « au son de l'une des cloches que l'on a coutume de sonner pour les assemblées ». Cet usage était sans doute antérieur à la Révolution, l'église étant le seul lieu couvert où un grand nombre de personnes aient pu se réunir pour traiter les questions les intéressant en commun. Ces réunions avaient lieu le dimanche, à l'issue de la messe.

En créant, ou pour mieux dire en réorganisant les municipalités d'après le principe de l'élection des officiers municipaux par leurs concitoyens, la Révolution rendit nécessaire le choix d'un local où ces officiers pussent exercer leurs fonctions, et qui fût le siège du Conseil général — on ne disait pas encore municipal — de la commune. Dès le 21 février 1790, le registre mentionne, pour Clichy, la réunion des officiers municipaux et des notables « dans la salle ordinaire des séances à la maison commune ». Le 28 février suivant, il est question de « la salle de délibérations »; le 18 mars suivant, il est dit qu'à l'avenir, « les assemblées municipales se tiendront en la salle ordinaire à Clichy, tous les jeudis, de quinzaine en quinzaine ».

Nous n'avons aucun détail ni sur la nature, ni sur l'emplacement de cette *maison commune*. Au budget de l'an IX, son loyer est inscrit pour la somme de 5o francs. Aux budgets de 1834 et 1835, il figure, en revanche, pour 400 francs.

Le 10 mai 1835, le maire, rendant compte de la situation fâcheuse de l'enseignement dans la commune, indiquait la nécessité d'avoir un immeuble où fussent centralisées « toutes les branches de l'administration ». En conséquence, il fit voter, par le Conseil, l'acquisition d'une maison sise rue du Landy, nº 3, dont le prix était de 20.000 francs, y compris les frais d'actes, mais auxquels il faudrait ajouter une somme de 10.700 francs, évaluée par devis pour son appropriation. Cette maison devait rester, pendant plus de quarante ans, la mairie de Clichy.

Le 22 novembre 1871, une Commission municipale fut chargée d'étudier toutes les questions relatives à l'édification d'une nouvelle mairie. Le 15 février 1872, le Conseil accepta la proposition, présentée par cette Commission, d'élever la mairie sur la place publique, la dépense prévue étant de 400.000 francs, et le 10 novembre 1873, il invita le maire à solliciter à cet effet du département une subvention de 150.000 francs. — Le 24 janvier 1878, il vota la plantation, sur la place, de 64 tilleuls argentés. La même année, la mairie fut inaugurée.

Église. — Le modeste édifice qui, naguère encore, servait exclusivement aux besoins du culte, se trouve être le troisième, au moins, dont ait été pourvue la paroisse. Le plus ancien n'est nullement connu, mais on peut être assuré qu'il datait de l'époque mérovingienne ; la résidence des successeurs de Clovis en ce lieu, à une époque où le christianisme régnait sur la Gaule neustrienne, en est un sûr garant. Fut-il respecté par les invasions normandes, cela est peu probable. On doit tenir également pour certain qu'au XIIᵉ siècle, Clichy possédait une église, ancienne ou nouvelle. L'abbé Lebeuf a retrouvé la preuve que cette église, reconstruite sans doute au commencement du XVIᵉ siècle, fut dédiée par l'évêque de Paris, le dimanche 1ᵉʳ octobre 1525, et placée sous l'invocation de saint Médard. L'édifice était en ruine moins de cent ans après, car saint Vincent de Paul, curé de Clichy à dater de 1612, en entreprit la reconstruction, qui fut achevée au printemps de 1630. Nous avons transcrit dans les registres de baptêmes, mariages et sépultures, aujourd'hui conservés à la mairie de Clichy, l'acte suivant :

Ce jourd'huy jeudy sainct de l'année 1630, a esté baptisée Catherine Barbier fille de Gaspart Barbier et Marie Picot, ses père et mère ; son parein Jacques Olivier ; sa mareine Catherine Rosy. Celle-ci est la première qui a esté tenue sur les fonds nouveaux faicts en l'eglise de Clichy, l'eglise estant estant (*sic*) parachevée ce mesme jour, ou du moings ceste sepmaine.

Le monument ne subit plus, par la suite, que des travaux de réfection partielle. Dans une délibération du 11 mai 1826, le maire constatait que « la sûreté de l'église est réellement compromise par l'absence de grilles aux croisées, et qu'il est indispensable d'y en établir promptement pour garantir le lieu saint des profanations qui ont affligé, depuis quelque temps, plusieurs communes ».

En 1895, M. Gréa, curé de Clichy, confiant dans la libéralité de ses paroissiens, résolut non la reconstruction de l'église de Saint-Vincent-de-Paul, mais son agrandissement par l'édification d'un vaste vaisseau, orienté du Sud au Nord, et dont l'ancien édifice formerait une sorte de chapelle ouvrant sur le bas côté occidental. Cette entreprise reçut, le 22 janvier 1895, l'approbation de l'archevêque de Paris, et un décret du 12 novembre 1901 autorisa la fabrique à acquérir les terrains nécessaires. On trouvera, dans *le Messager de Saint-Vincent-de-Paul* (voy. à la Bibliographie), l'historique, en quelque sorte jour par jour, de cette reconstruction.

Presbytère. — L'habitation du curé ou desservant d'une paroisse est forcément contemporaine de l'existence même de la paroisse, mais cette habitation, naturellement moins durable qu'une église, se renouvelle souvent. Du presbytère du XVIIe siècle, où demeura saint Vincent de Paul, il ne reste plus qu'un vestige aujourd'hui : un vieil arbre de Judée dont le tronc dénudé menace lui-même ruine.

Le presbytère actuel date de 1771. Déserté pendant la période du culte de l'Être suprême, il fut vendu comme bien national, le 19 germinal an VII (8 avril 1799 — l'ère de la tourmente était pourtant passée), au prix de 687.000 francs, payables, cela va sans dire, en assignats. La commune n'eut à débourser que 7.000 francs, en 1824, pour en devenir propriétaire (l'abbé Lecanu).

Cimetière. — Les renseignements sont peu nombreux sur l'ancien ou les anciens cimetières de Clichy. Le premier fut certainement voisin de l'église, comme partout ; puis, il paraît résulter de delibérations municipales du 27 juillet 1829 et du 13 mai 1831 que le champ de repos était alors situé près de la route de la

Révolte. En 1847, les actes font mention du nouveau cimetière, qui est le cimetière actuel, rue du Bois, voisin du village Levallois et commun aux deux agglomérations jusqu'en 1870. C'est là que reposent les abbés Châtel et Leverdet, promoteurs de cette « Église française », dont nous avons dit quelques mots (voy. p. 18). Voici leurs épitaphes :

ICI REPOSENT

CHATEL FERDINAND

PRÊTRE FONDATEUR ET ÉVÊQUE PRIMAT DE L'ÉGLISE CATHOLIQUE

FRANÇAISE

NÉ A GANNAT (ALLIER)

INHUMÉ DANS CETTE CHAPELLE LE 19 MAI 1862

LEVERDET NICOLAS

PREMIER PASTEUR DE L'ÉGLISE CATHOLIQUE FRANÇAISE

NÉ A CLICHY LE 12 MARS 1807

INHUMÉ DANS CETTE CHAPELLE EN 1865

Le 16 janvier 1896 a eu lieu, dans le cimetière, l'inauguration d'un nouveau monument renfermant les ossements des gardes nationaux tués le 19 janvier 1871 au combat de Buzenval-Montretout.

Par décret en date du 29 novembre 1896 a été déclaré d'utilité publique « l'agrandissement du cimetière avec création d'une promenade publique aux abords ».

Pont. — Nous avons indiqué plus haut (p. 19) le vœu formulé dès 1842 par la municipalité en faveur de la construction d'un pont sur la Seine, en face d'Asnières, et dit que cet ouvrage n'avait été entrepris qu'à la fin du second Empire. A la date du 25 novembre 1865, la commune s'était engagée à participer à sa construction pour 50.000 francs (Gennevilliers en ayant promis 100.000) ; une délibération du 11 août 1869 fait connaître qu'à cette date Clichy se libéra complètement du payement des 2.500 francs qu'elle avait encore à acquitter.

Dispensaire. — Le 29 juin 1896, a eu lieu, sous la présidence de M. le prince d'Arenberg, l'inauguration du dispensaire hôpital et chirurgical élevé, rue des Bournaires, par la Société philanthropique, avec les fonds fournis par M. et Mme Jules Gouin.

Port. — Dans sa séance du 9 décembre 1896, sur le rapport de

M. Lex, le Conseil général vota un crédit de 18.000 francs, part contributive du département dans le tiers d'une dépense totale de 54.000 francs, pour « la construction d'un perré neuf sur la longueur de 92 mètres, l'établissement d'une lisse en chêne sur toute la longueur du port, l'achat de 55.000 vieux pavés de la Ville de Paris ».

Le 27 octobre précédent, la commune de Clichy avait voté un crédit égal de 18.000 francs, le troisième tiers étant à la charge de l'État.

Marché. — Le dimanche 11 avril 1897, a eu lieu l'inauguration du marché couvert, situé sur les rues du Réservoir, de l'Ancienne-Mairie et de Neuilly.

BIBLIOGRAPHIE

L'abbé Lebeuf, *Histoire du diocèse de Paris*, t. I, pp. 419-430 de la réimpression de 1883.

Les Plaisirs de Clichy, 1820, in-12. — *La Chaumière de Clichy*, nouvelle historique, 1829, in-12 (fantaisies littéraires).

Histoire de Clichy-la-Garenne, par M. l'abbé Lecanu; Paris, Poussielgue, 1848, in-8; 317 pp.

L'Église française à Clichy en 1831, par M. l'abbé Narbey; 1890, in-8 (*Extrait des Annales franc-comtoises*).

Le Messager de Saint-Vincent-de-Paul, Bulletin périodique de la Confrérie de Saint-Vincent-de-Paul et du pèlerinage établi à Clichy dans l'église bâtie par saint Vincent de Paul (Recueil mensuel publié depuis 1898 par la fabrique paroissiale de Clichy, et où se trouvent un certain nombre de renseignements historiques sur les bâtiments de l'église et les œuvres de piété qui y ont été instituées).

FERNAND BOURNON.

RENSEIGNEMENTS

ADMINISTRATIFS

I. — TOPOGRAPHIE, DÉMOGRAPHIE ET FINANCES

---

§ I. — TERRITOIRE ET DOMAINE

A. — TERRITOIRE

Nom.— Clichy.

Dénomination dès habitants.— Clichois [1].

Armoiries.— La commune ne possède pas d'armoiries.

Limites du territoire.— La ville de Clichy est bornée :
Au Nord et au Nord-Ouest, par Asnières, située sur la rive gauche de la Seine ;
Au Sud-Ouest, par Levallois-Perret ;
Au Sud-Est, par Paris ;
A l'Est, par Saint-Ouen.

Quartiers, hameaux, écarts.— La commune ne forme qu'une seule agglomération. Toutefois la population distingue un certain nombre de quartiers : les quartiers du Centre, des Bournaires, au Nord ; du Bac d'Asnières, à l'Ouest ; du Landy, au Nord-Est, et Victor-Hugo, au Sud-Est.

Lieux dits.— Pré Jean Dot, la Presle, les Petits Marais, la Jonchée du Closeau, les Couronnes, la Raye Tortue, le Landy, les

---

1. On trouve aussi la forme : Clichiens (voy. l'*Intermédiaire des Chercheurs et curieux*, fondé en 1864; Bulletin du 30 mai 1894).

Vesseries, la Fabrique, Derrière la Fabrique, les Tourneaux, les Épinettes, les Cornettes, le Chien Dent, la Croix, le Paradis, le Périchet, les Grenetiers Milly, la Guigne Chien, le Puits Bertin.

Superficie de la commune. — La superficie actuelle du territoire communal est de 285 hectares, dont la moitié est bâtie.

Arrondissement. — Saint-Denis.

Canton. — Clichy est le chef-lieu et l'unique commune du canton.

Circonscription électorale législative. — 4e circonscription de l'arrondissement de Saint-Denis.

Sectionnement électoral. — Il n'y a pas de sectionnement électoral.

Bureaux de vote. — Cinq bureaux de vote, savoir :
Un à la mairie, un à l'école maternelle de la rue Dagobert, deux à la salle des Fêtes (le premier, entrée rue Reflut, et le second, rue Dagobert), un à l'école des filles de la rue Dagobert.

Circonscription de justice de paix. — Le siège de la justice de paix est à Neuilly.

Circonscription de commissariat. — Clichy.

Orographie. — Le territoire de Clichy, comme celui de Levallois, ne présente pas d'ondulations de terrain bien sensibles. Le niveau général est presque uniformément marqué par la cote 30, sauf au Sud-Est où il s'élève à la cote 35, et au coin des rues Palloy et des Bournaires où se trouve une dépression de 2 mètres environ.

Hydrographie. — La Seine marque la limite Nord et Nord-Ouest de la commune qu'elle sépare de la ville d'Asnières.

B. — DOMAINE

Mairie et Annexe. — La mairie de Clichy, dans son état actuel, s'élève sur un plan rectangulaire et se compose de 2 étages.
La façade principale se divise en 9 travées et présente un grand pavillon formant avant-corps et percé de 3 portes plein cintre encadrées de moulures. 2 de ces portes s'ouvrent sur un grand

vestibule. Au premier étage, les fenêtres sont encadrées de chambranles et surmontées d'un fronton triangulaire, dont les extrémités reposent sur des consoles. Ajoutons enfin qu'il offre, dans son axe, un attique portant un tableau sur lequel est gravé le mot Mairie, et qu'il est couronné par un fronton circulaire interrompu dont l'extrados est décoré de deux figures couchées. Entre ces figures se trouve une horloge qu'encadrent des pilastres d'ordre composite avec entablement, frise ornée et fronton triangulaire. La sonnerie de l'horloge est placée dans un campanile en fonte ajourée qui domine le monument ; sur le toit se détachent des lucarnes en œil-de-bœuf, surmontées de vases.

Les façades latérales sont percées de 4 baies rectangulaires. Enfin, la façade postérieure possède, comme la façade principale, un avant-corps saillant, mais sans ornement.

A l'intérieur, la disposition des locaux est la suivante : à droite du vestibule se trouvent la loge du concierge et le couloir conduisant aux bureaux du secrétariat, de la bienfaisance et de l'état civil, ainsi qu'aux cabinets du maire et du secrétaire ; à gauche, la salle de la justice de paix, le bureau des adjoints et la salle de Commissions. Au fond du vestibule s'élève le grand escalier monumental en pierre, avec sa rampe à balustres.

Au sommet de cet escalier, s'étend un long palier parallèle à la façade du monument et prolongé, à ses extrémités, par deux galeries sur lesquelles s'ouvrent les portes de la salle d'attente, de la salle des mariages et de celle du Conseil municipal.

La salle d'attente, de style néo-grec, est formée, dans le sens de la longueur, de 3 travées ; son plafond et ses panneaux, fond vert, sont relevés de peintures exécutées par M. Pescheux. Elle possède, en outre, une cheminée monumentale en pierre du Jura que surmonte une horloge.

La salle des mariages, de style Louis XVI, est décorée de peintures, d'un ton bleu turquin, rehaussé d'or, et coupée par des panneaux à fond vieil or, peints également par M. Pescheux. Le plafond, œuvre de M. E. Mathieu, représente une allégorie du mariage.

La cheminée est en pierre ; l'entablement, soutenu par des consoles ornées de mufles de lion et de feuilles d'acanthe, supporte une pendule que surmontent deux génies. Cette pendule elle-même se détache sur un tableau encadré de pilastres composites, sur lesquels reposent un entablement et un fronton triangulaire interrompu par un écusson ; au centre de cet écusson, on a sculpté un camée.

La salle du Conseil, de style Renaissance, est éclairée par 3 des baies de la façade principale. Chacune de ces baies est encadrée de pilastres cannelés accouplés, sur lesquels repose le plafond à caissons.

Le premier étage comprend, en outre, le bureau de la voirie et la recette municipale, le service de l'octroi et un salon pour les conseillers municipaux. Au second étage, se trouvent les logements des garçons de bureau et les archives.

L'édifice municipal a été construit sur un terrain communal, provenant d'un donation antérieure (donation Buisson).

Les travaux, autorisés par arrêtés préfectoraux des 24 septembre 1875 et 8 février 1878, devaient entraîner, après les rabais d'adjudication, une dépense de 373.836 fr. 86, non compris les dépenses d'ameublement.

D'après le décompte revisé, approuvé par arrêté préfectoral du 14 décembre 1880, la dépense réelle s'est élevée, pour les travaux de construction, à 393.493 fr. 29. Les frais d'ameublement ont coûté, en outre, 26.318 fr. 58 ; ce qui porte à 419.811 fr. 87 la dépense supportée par la commune.

Par arrêtés des 24 septembre 1875 et 14 décembre 1880, l'administration préfectorale a accordé à la commune, en atténuation de de ces dépenses, deux subventions, l'une de 60.000 francs, et l'autre de 20.000 francs.

Cette mairie se trouvant aujourd'hui insuffisante, la municipalité prépare actuellement un important projet d'agrandissement comportant la construction de deux nouvelles ailes rectangulaires faisant saillie, en avant et en arrière, sur le corps de bâtiment principal qui subsistera intégralement.

Après l'exécution des travaux, les locaux présenteront à l'intérieur la disposition suivante :

Au rez-de-chaussée, la salle de la justice de paix sera transformée en salle de réunions, et les bureaux des adjoints, situés à gauche du vestibule, ainsi que la salle de Commissions, seront affectés au service de l'état civil, tandis que ceux de droite seront absorbés, sur la façade postérieure, par les services du bureau de bienfaisance, du bureau de placement et des écoles, et sur la façade antérieure, par les services de l'administration, des affaires militaires et de la comptabilité.

Les deux ailes nouvelles comprendront, d'autre part, deux vestibules donnant accès, à gauche, au greffe, au cabinet du juge de paix et à la salle d'audience de la justice de paix ; à droite, aux bureaux du maire, des adjoints et du secrétaire.

Au premier étage, la salle d'attente et le salon des mariages garderont leur affectation actuelle. Les locaux situés derrière la salle d'attente, occupés maintenant par le service de la voirie, seront affectés à l'octroi. Quant à la salle du Conseil actuelle, elle sera transformée en une salle de réception. L'aile de gauche sera tout entière occupée par la salle nouvelle du Conseil. Dans celle de droite se trouveront un vestiaire donnant accès, sur le derrière, au bureau du receveur municipal, sur le côté, à celui du contrô-leur des contributions, et, sur le devant, à une salle de Commissions actuellement en réparation. Les bureaux de la voirie seront établis au second étage qui comprendra, en outre, les archives et les logements des garçons de bureau.

Le devis, qui fait en ce moment l'objet d'un examen, auprès du Conseil d'État, s'élève à la somme totale de 581.981 fr. 30 à la suite d'une augmentation de 100.318 francs imposée par le Comité des bâtiments civils. La commune doit faire face à cette dépense par prélèvement sur un emprunt de 2.875.000 francs.

Ajoutons, enfin, que la commune loue, pour la somme de 1.000 francs par an, une maison située n° 10, rue Dagobert, destinée à servir d'annexe à la mairie. C'est dans cette maison que se trouvent le bureau du percepteur, la salle de consultations gratuites et les services du bureau de bienfaisance. Le bail, qui est actuellement en cours d'achèvement, est valable du 15 février 1896 au 15 février 1905.

Écoles.— Il existe à Clichy 3 groupes scolaires complets et une école de garçons isolée, celle de la rue Gobert.

1° Les 3 écoles du Centre, quoique contiguës, ne proviennent pas de la même opération.

L'école de garçons, qui occupait autrefois l'emplacement de l'ancienne école des frères, laïcisée en 1880, a été transférée ensuite, rue Dagobert, n° 5, à côté de l'école de filles et de l'école maternelle, et c'est là qu'elle se trouve aujourd'hui encore. Toutefois l'extension croissante de la commune l'a déjà rendue insuffisante et la municipalité se préoccupe actuellement de son agrandissement [1].

La translation et la reconstruction de l'école à l'endroit actuel ont été déclarées d'utilité publique par décret du 14 mars 1891. Le terrain, sur lequel elle s'élève, d'après l'acte de vente, passé en l'étude de M° Taupin, notaire à Clichy, le 28 avril 1890, mesure 2.264 m. 20.

Il a été acquis de Mme V° Caucaunier et de M. et Mme Glatz, moyennant le prix principal de 60.000 francs.

Un secours de 12.000 francs a été alloué à la commune pour cette opération.

Le décompte des travaux, approuvé par arrêté préfectoral du 15 octobre 1891, s'est élevé à la somme de 31.074 fr. 71, représentant, sur le devis primitif, un excédent de dépense de 13.574 fr. 71.

L'école de filles et l'école maternelle, situées rue Dagobert, n°s 3 et 4, constituent actuellement un des édifices les plus anciens de la commune. Leur création fut décidée par le Conseil municipal dans sa séance du 24 juillet 1871. Le devis primitif a été approuvé par arrêté préfectoral du 24 décembre 1868, dans la limite d'une dépense de 108.796 fr. 20, réduite à 92. 013 fr. 58 par suite des rabais d'adjudication. Cette dépense s'est élevée réellement, d'après le décompte revisé, à 102.452 francs.

Depuis sa création, l'école de filles de la rue Dagobert a d'ailleurs subi d'importants remaniements, à la suite desquels le nombre de ses classes s'est trouvé porté à 12. Le plus considérable, réalisé en 1876, comportait la création de 3 nouvelles classes, l'augmentation du préau et la construction d'un gymnase. Cette dernière opération nécessita même l'acquisition d'un terrain contigu de 475 mètres, formant l'encoignure des rues Dagobert et Reflut, moyennant le prix principal de 10.000 francs, non compris 2.000 francs de charges (acquisition autorisée par délibération du Conseil municipal en date du 10 novembre 1876). Le devis des travaux, approuvé par arrêté préfectoral du 15 juin 1877, prévoyait une dépense de 42.119 fr. 20 pour l'agrandissement de l'école des filles et de 37.692 fr. 20 pour le gymnase. La dépense réelle s'est élevée, d'après le décompte définitif, approuvé par délibération du Conseil municipal en date du 5 février 1881, à 81.123 fr. 43,

1. Elle serait d'ailleurs reconstruite au même emplacement et transférée provisoirement, pendant la durée des travaux, dans les baraquements de la rue Castérès, établis antérieurement, au moment de la construction du groupe Pasteur.

dont 41.783 fr. 84 pour le gymnase et 39.339 fr. 59 pour l'école de filles. Comme nous le verrons plus loin, le gymnase a été transféré,' rue du Bois, en 1902, et l'ancien local transformé en une salle de conférences.

Signalons encore, en 1882, la construction de 2 nouvelles classes et d'un préau couvert (décompte arrêté à 32.213 fr. 60 le 5 mars 1883).

2° L'école de garçons de la rue Gobert a été construite en 1873, au moment où l'ancienne école des frères fonctionnait encore. Elle constitue donc la première école laïque de garçons établie dans la commune.

Par délibération du 9 septembre 1872, approuvée par arrêté du 26 mars 1873, le Conseil municipal décida l'acquisition des terrains et l'exécution des travaux dans la limite d'une dépense de 125.624 francs. En réalité, la dépense supportée par la commune pour la construction s'est élevée à 106.364 fr. 24, d'après le décompte définitif approuvé le 8 mars 1875 [1]. L'établissement de 2 classes nouvelles en 1884 nécessita, en outre, une dépense de 16.409 fr. 22 (décompte approuvé par arrêté préfectoral du 8 août 1885).

3° Le groupe complet Victor Hugo, en façade sur la rue d'Alsace, occupe un espace compris entre les rues d'Alsace, Foucault et Morice. Sa construction, déclarée d'utilité publique par décret du 28 février 1884, a été effectuée en 1884-1885. Dès 1882, par un arrêté pris en Conseil de préfecture en date du 23 juin, la commune était autorisée à acquérir les terrains, d'une superficie de 10.000 mètres environ, nécessaires à son établissement. Ces terrains comprenaient 5 parcelles acquises chacune aux conditions suivantes [2] :

1. V. Délibération du 20 août 1875.
2. A la construction du groupe Victor Hugo on peut rattacher l'histoire du legs Foucault qui présente quelque intérêt : par testament du 24 avril 1871, Mᶫˡᵉ Foucault léguait à la commune en toute propriété la cité possédée par elle passage Saint-Pierre, n° 32, à condition qu'elle servirait de maison de refuge pour les vieillards de la commune des deux sexes dans un état d'indigence, réserve faite de 10 places pour des compositeurs-typographes de Paris, et de 10 autres places pour des Champenois nés à Reims. Les difficultés qui s'élevèrent avec la ville de Reims obligèrent la commune à renoncer au bénéfice du legs, et, le 23 avril 1887, elle s'arrêta à une transaction aux termes de laquelle Mᵐᵉ Choquet, légataire de Mᶫˡᵉ Foucault, lui cédait la maison située sur l'ancienne propriété de M. Deligny, moyennant une rente viagère de 900 francs à compter du 1ᵉʳ mai 1887. Cette acquisition a été réalisée dans le but de permettre le nivellement de la rue Foucault, *en vue de l'établissement du groupe scolaire Victor Hugo*, construit en bordure de cette rue.

Terrain Sellier		(prix principal).	19.430 »
—	Héritiers Charles	—	. 24.030 »
—	Salins	—	24.030 »
—	Héritiers Deligny	—	. 3.920 »
—	Héritiers Claude Benoît	—	30.000 »
—	Conard père	—	. 30.000 »

En comprenant les intérêts, les indemnités pour résiliations de bail, les frais de procédure et les honoraires des notaires, la dépense totale pour l'acquisition de ces terrains s'est élevée à 241.500 francs.

Le devis des travaux de construction, approuvé par arrêté préfectoral du 20 février 1884, s'élevait d'autre part à 599.122 fr. 40, réduits à 433.079 fr. 04 par suite des rabais d'adjudication. Il convient, en outre, de signaler deux devis de travaux supplémentaires, le premier, approuvé par arrêté du 3 juin 1885 dans la limite d'une dépense de 17.969 fr. 92, et le second, par arrêté du 23 décembre suivant, jusqu'à concurrence de 62.331 fr. 12. Ce dernier devis était relatif à l'établissement de murs, grilles et plantations, ainsi qu'aux frais nécessités par l'acquisition et l'installation du mobilier.

4° Le groupe Pasteur, construit en 1900-1901, constitue, comme le précédent, un groupe scolaire complet : les opérations préliminaires nécessitées par son établissement se décomposent de la manière suivante [1] :

Acquisitions Maës, 4.862 mètres environ (à 22 fr. 64 le mètre), principal, intérêts et frais.	124.934,44
Frais de concours.	7.954,36
Ouverture de rues nouvelles.	40.777,51
Convention avec la Compagnie parisienne du Gaz	121.917,89
Total	295.584,20

Cette convention, approuvée par arrêté préfectoral du 1er septembre 1898, comportait l'acquisition par la commune de 6 parcelles dont 2, d'une contenance de 3.551 m. 88, étaient destinées au groupe, et les 4 autres (7.736 m. 90), à l'ouverture de rues nouvelles. En échange, la commune cédait 817 m. 71 de terrain à la Compagnie qui s'engageait, d'autre part, à participer aux frais de viabilité des nouvelles rues pour 27.882 fr. 50.

1. V. Compte rendu de l'administration municipale de la ville de Clichy de 1896 à 1900.

La superficie des terrains couverts par les constructions est de 7.240 mètres carrés, dont 5.244 pour les écoles de garçons et de filles, et 1.996 pour l'école maternelle.

Enfin le devis définitif, constituant les dépenses de la deuxième catégorie, s'élevait au total de 754.291 fr. 02, se décomposant comme suit :

1° Construction proprement dite des écoles de garçons et de filles.	520.783,80
2° Établissement du sol des cours	10.553,24
3° Mobilier scolaire.	43.312,90
4° Construction proprement dite de l'école maternelle	167.802,59
5° Établissement des cours.	3.625,79
6° Mobilier scolaire.	9.212,70
Total égal	754.291,02

Une subvention de 100.000 francs a été accordée par arrêté préfectoral du 29 juillet 1898, en atténuation des dépenses nécessitées par l'acquisition des immeubles appartenant à la Compagnie du Gaz.

Un arrêté du 23 juillet 1901 a, en outre, approuvé un devis de travaux supplémentaires jusqu'à concurrence de 4.975 fr. 58. Les travaux de l'école maternelle sont achevés. Les jeunes enfants y sont entrés le 1er octobre 1903. Les écoles de garçons et de filles ont été inaugurées par M. le Préfet de la Seine le 20 octobre 1901. Leur construction a occasionné, d'après le décompte définitif approuvé par arrêté du 23 janvier 1903, une dépense de 519.578 fr. 14.

Églises.— L'église Saint-Vincent-de-Paul, construite par saint Vincent de Paul, date de 1630. Située sur le boulevard National, elle affecte la forme d'une croix latine et présente, en façade, une tour massive élevée sur un plan carré ; au bas de cette tour, est pratiquée une large baie aveugle plein cintre sous laquelle s'ouvre la porte principale.

L'étage supérieur, ou étage du beffroi, est percé, sur chacun de ses côtés, de baies garnies d'abat-sons. Enfin la toiture de la tour est de forme pyramidale. Les façades latérales sont soutenues par des contreforts qui les divisent en 5 travées.

A l'intérieur, elle est formée de la grande nef, terminée par un hémicycle hexagonal et les deux bras de la croix qui renferment, celui de droite, la chapelle de Saint-Médard, celui de gauche, celle de la Vierge. A droite du sanctuaire, se trouve en outre une petite chapelle construite avant la Révolution par Mme de Lévis : une grille séparait autrefois cette chapelle du sanctuaire.

Une tribune située au-dessus de la porte d'entrée contient le buffet d'orgues.

Cette église se trouvant insuffisante, la fabrique paroissiale s'est préoccupée, au cours de ces dernières années, d'en édifier une autre sur un terrain contigu.

A cet effet, elle a acquis de M. Trézel une parcelle de 1.244 mètres, moyennant le prix principal de 116.000 francs, et de de Mme Ve Taillefer, une autre parcelle de 216 mètres, moyennant le prix principal de 15.000 francs. Cette double acquisition, réalisée le 13 janvier 1902, avait été préalablement autorisée par décret du 12 décembre 1901.

Les travaux de construction de la nouvelle église ne sont pas encore achevés : en attendant des ressources complémentaires, ils ne doivent d'ailleurs comprendre, jusqu'à nouvel ordre, que la partie située entre le chœur et le transept.

L'arrêté préfectoral du 22 février 1902 n'a en effet autorisé la reconstruction que jusqu'à la 2e travée après le transept. La dépense nécessitée par ces travaux était évaluée à 246.897 francs d'après le devis général dont le total, s'élevant à 634,200 francs, comprend tous les travaux prévus.

Le monument se composera, après l'achèvement des travaux, outre l'abside et le transept, d'une grande nef soutenue par des piliers circulaires et de deux nefs latérales moins élevées.

La vieille église, en souvenir de saint Vincent de Paul, qui l'a fait construire, sera conservée et soudée à l'autre dont elle constituera ainsi une chapelle. Le clocher sera seulement reconstruit.

Notons comme une particularité intéressante que l'acquisition des terrains, quoique réalisée par la fabrique avec ses ressources propres, a été effectuée au nom de la commune. L'église, après comme avant sa reconstruction, restera donc une propriété communale.

La chapelle de Notre-Dame-Auxiliatrice, située rue d'Alsace, provient d'une donation faite à la fabrique par Mlle Roland Gosselin. A la différence de la précédente, elle n'appartient donc pas au domaine communal. Sa construction paraît remonter à l'année 1887.

Presbytère.— Le presbytère, situé n⁰ 128, boulevard National, semble remonter aux premières années du XIXᵉ siècle. A plusieurs reprises, au cours du siècle, la commune a d'ailleurs contribué aux travaux de réparation qui y ont été effectués [1].

Église évangélique. — L'église évangélique, située rue Gobert, n⁰ 7, constitue une propriété particulière.

Il n'existe à Clichy aucun immeuble affecté à la célébration du culte israélite.

Cimetière parisien. — Le cimetière parisien des Batignolles est limité, au Nord, par le boulevard Victor-Hugo; à l'Est, par divers immeubles et la rue Deligny ; au Sud, par les fortifications; à l'Ouest, par le chemin des Bœufs, où se trouve l'entrée.

Ouvert le 23 août 1833 pour recevoir les inhumations de la commune de Batignolles-Monceaux, distraite de celle de Clichy par ordonnance royale du 10 février 1830, il fut agrandi une première fois, en vertu d'une ordonnance royale du 18 février 1847, et porté à la superficie de 3 h. 73 a. 51 c. Enfin, après l'annexion de la commune de Batignolles-Monceaux, il fut affecté tout entier aux inhumations de la Ville de Paris.

Par suite d'un nouvel agrandissement, autorisé par décret du 28 janvier 1883 et portant sur une superficie de 6 h. 69 a. 37 c., il mesure actuellement 10 h. 39 a. 85 c., dont 4 h. 79 a. 47 c. sont occupés par les bâtiments, le dépôt des plantations, les chemins et les avenues. Ce dernier agrandissement a été autorisé, d'ailleurs, sous certaines conditions. Une zone intérieure de 35 mètres de largeur devait être réservée, du côté des habitations dépendant de la commune de Clichy, pour former une avenue bordée de plantations.

Les terrains nouvellement acquis devaient être exclusivement affectés aux concessions temporaires et aux inhumations en tranchée gratuite.

Actuellement, le cimetière de Batignolles n'est plus ouvert qu'aux concessions perpétuelles. Toutefois la Ville de Paris y renouvelle encore les concessions temporaires déjà existantes.

Cimetière communal. — Le cimetière communal s'étend, dans la région du Sud-Ouest de Clichy, entre la rue du Bois (chemin

---

1. C'est ainsi qu'à la date du 22 décembre 1875, on relève, dans le registre de délibérations du Conseil municipal, le vote de 879 fr. 10 pour frais de réparations au presbytère.

de grande communication n° 17), la rue Chance-Milly, la voie du chemin de fer de l'Ouest, la rue du Cimetière et quelques immeubles situés au Nord du boulevard Victor-Hugo.

Son origine paraît remonter aux environs de 1830, d'après une délibération du Conseil municipal, en date du 13 mai 1831, réglant les indemnités attribuées aux locataires dépossédés, à la suite des acquisitions de terrains nécessitées par son établissement.

Il se composait alors d'un quadrilatère de 1.200 mètres carrés environ, compris entre la rue du Cimetière et la rue des Cailloux. En 1844, se trouvant rempli, il dut être agrandi une première fois (délibération de principe du 8 mai 1843). La dépense totale était évaluée à 11.820 francs.

Plus tard, en 1872, par acte authentique passé en l'étude de Mᵉ Taupin, le 26 avril, en vertu de l'autorisation préfectorale du 27 septembre 1869, un échange fut fait avec la Compagnie de l'Ouest attribuant, au cimetière, des terrains appartenant à la Compagnie et réciproquement. La même convention mettait, en outre, à la charge de la Compagnie, les frais de reconstruction des murs de clôture. A la même époque, la commune fit édifier le logement du conservateur. Le devis général des travaux, tant pour la reconstruction ou le déplacement des murs de clôture que pour le logement du conservateur, fut approuvé par arrêté préfectoral du 5 mars 1872, dans la limite d'une dépense de 48.339 fr. 76.

D'après le décompte définitif, approuvé par le Conseil municipal dans sa séance du 13 novembre 1873, la dépense réelle s'est élevée à 42.405 fr. 38.

Enfin, la dernière et la plus importante des opérations, concernant le cimetière communal, est celle qui a été autorisée par le décret du 29 novembre 1896, déclarant d'utilité publique son agrandissement et l'établissement d'une promenade sur ses abords. Cette opération comportait les acquisitions suivantes, réalisées au prix de 10 francs le mètre :

Terrain Toutain. . . .	1.462 m. »	
(prix principal). . . .		14.620 fr. »
Terrain Baudeloux. . .	1.560 m. 78 ⎱	31.215 fr. 60
Terrain Adeline. . . .	1.560 m. 78 ⎰	
Compagnie de l'Ouest.	8.687 m. 21	86.872 fr. 10
Soit au total. . . .	13.270 m. 77	pour 132.707 fr. 70

Les acquisitions Adeline et Baudeloux ont été effectuées à l'amiable ; l'acquisition Toutain, en vertu d'un jugement d'expropriation en date du 24 mai 1897, et celle du terrain de la Compagnie de l'Ouest, en vertu d'une convention amiable en date du 26 juillet 1893, approuvée par arrêté du 22 juin 1895. Aux termes de cette convention, la commune acquérait, indépendamment des 8.687 m. 21 affectés au cimetière proprement dit, une deuxième parcelle de 8.042 m. 80, au prix de 15 francs le mètre, soit au prix total de 120.642 francs, en vue de l'ouverture de nouveaux chemins d'accès conduisant au cimetière.

Par contre, elle cédait gratuitement à la Compagnie, une partie de l'impasse des Cailloux désaffectée. D'après le devis approuvé par le Conseil municipal, dans sa séance du 18 avril 1895, la dépense des travaux exécutés à cette époque, comprenant la réfection des murs de clôture et l'établissement de la promenade publique, était évaluée à 35.393 fr. 34.

Caveau provisoire. — La construction d'un caveau provisoire, dans le cimetière communal, a été autorisée par arrêté du 18 juillet 1883. Il a été édifié sur l'emplacement de l'ancienne croix. Les frais qui en sont résultés se sont élevés, après les rabais d'adjudication, à 2.077 fr. 57.

Ce caveau contient 6 places.

Tombes militaires. — La commune a concédé gratuitement, dans le cimetière, le terrain nécessaire à l'inhumation des gardes nationaux de Clichy tués à Buzenval-Montretout, le 19 janvier 1871. La pyramide, érigée sur cette tombe, a été élevée par souscription. Elle porte, indépendamment des noms des soldats qui y sont inhumés, ceux des jeunes gens de Clichy tués aux colonies.

En face de cette pyramide se trouve le monument élevé par la commune aux victimes du devoir. Ce monument, dont la construction a occasionné une dépense approximative de 2.500 francs, renferme le corps d'un sapeur-pompier.

Hospice du général Roguet. — L'hospice du général Roguet, dont la construction est à peine terminée, a été fondé par la commune à l'aide des ressources provenant du legs fait à son profit par la marquise de Sanzillon, veuve du général.

Par testament en date du 23 août 1877, en effet, la marquise de Sanzillon, « dans le but d'éterniser la mémoire de son mari », léguait une somme d'un million de francs « pour la fondation d'une institution philanthropique, dans la commune de Clichy-la-Garenne, sous la dénomination : Fondation du général de division comte Roguet (Christophe-Michel), dont le besoin serait reconnu par le Conseil général du département ». Elle stipulait en outre que, défalcation faite d'une somme de 381.000 francs léguée à différents membres de sa famille, et des prélèvements nécessaires pour pourvoir aux frais de ses funérailles et à la constitution d'une rente annuelle et perpétuelle de 200 francs pour frais d'entretien de son tombeau, tout ce qui resterait de sa fortune au jour de son décès, après l'exécution de ces dispositions, viendrait augmenter la fondation.

L'exécution de ce testament ne fut pas sans soulever des difficultés. Tout d'abord, la commune de Clichy et le département de la Seine revendiquèrent le legs, et les héritiers naturels, au nombre desquels le marquis de Sanzillon, attaquèrent le testament en justice, celui-ci s'obstinant à porter l'affaire devant le tribunal de Périgueux et les autres devant le tribunal civil de la Seine. Après deux années de procédure, les parties étaient renvoyées devant la Cour de cassation pour règlement de juges.

Pour éviter de pareilles lenteurs, les intéressés s'arrêtèrent à la transaction suivante :

1º Les héritiers de Mme de Sanzillon renonçaient à attaquer le testament et reconnaissaient la commune de Clichy comme seule bénéficiaire du legs universel fait en sa faveur ;

2º La commune s'engageait à verser, aux héritiers naturels, la somme transactionnelle de 2.331.000 francs, représentant le montant d'un héritage recueilli par la testatrice, postérieurement à son testament;

3º Une rente viagère de 45.000 francs était constituée au profit de M. de Sanzillon (30.000 francs à la charge de la commune et 15.000 francs à la charge des héritiers) ;

4º La commune laissait, au marquis de Sanzillon, l'usufruit du château de Mensignac.

D'après cette transaction, la commune se trouvait assurée de rester en possession d'environ 4 millions, pour créer et entretenir l'œuvre de la comtesse Roguet.

Enfin, une deuxième convention fut arrêtée entre le département et la commune, sur les bases suivantes :

La fondation Roguet devait comprendre un orphelinat et un asile de vieillards.

Elle devait être exclusivement municipale, le département renonçant à toutes ses revendications.

Toutefois, celui-ci avait droit, en compensation, au tiers des lits et devait être représenté dans le Conseil d'administration.

L'acceptation bénéficiaire du legs a été autorisée par décret du 7 juillet 1899.

Les acquisitions de terrains, nécessitées par la fondation, comprennent plusieurs opérations :

1° Trois traités amiables ;

2° Deux expropriations.

Le plus important des traités amiables concerne l'ancienne propriété Corbay, léguée à l'Académie des sciences morales et politiques, en 1887, et acquise par la commune, de l'Académie, le 21 juin 1900. Cette acquisition, portant sur un immeuble de 15.225 mètres, a été réalisée au prix de 15 francs le mètre, soit pour la somme totale de 228.375 francs.

Le deuxième est constitué par une convention, aux termes de laquelle M. Salins de Vignières, dont la propriété était traversée par le chemin de grande communication n° 17, récemment ouvert, acceptait l'échange d'une parcelle attenante à l'ancien immeuble Corbay, et mesurant 485 m. 80, contre une autre parcelle de 2.315 m. 13, située de l'autre côté du chemin. La différence s'élevant à 1.829 m. 33, représentant le surplus des terrains cédés par la fondation, devait être payée à cette dernière à raison de 15 francs le mètre, soit au prix total de 27.435 fr. 95.

Enfin, le dernier traité amiable est relatif à l'acquisition d'une parcelle de 37 mètres carrés, comprise dans le plan de la fondation, et appartenant aux héritiers Deligny ; cette acquisition a été réalisée au prix de 15 francs le mètre.

D'autre part, les indemnités fixées par le jury d'expropriation, le 30 avril 1902, ont été attribuées comme suit :

85.161 francs aux époux Chalumel, et 3.000 francs aux époux Rossignol.

Dans sa séance du 21 mars 1901, le Conseil municipal a approuvé le devis général des travaux s'élevant à 1.453.780 fr. 27 (approbation préfectorale du 3 juillet 1901).

L'hospice du général Roguet, dont les constructions s'achèvent, est situé, n° 65, rue du Landy.

Asile Léo-Delibes. — L'asile Léo-Delibes, situé rue du Landy, n° 58, entre les rues du Landy et d'Alsace d'une part, et le boulevard de Lorraine d'autre part, occupe un immeuble de 4.740 mètres superficiels donné à la Ville de Paris par Mme Ve Léo Delibes, aux termes d'un acte passé devant Me Père (Albert), notaire à Paris, en date du 25 mai 1895. Cette donation a été faite à la condition, pour la Ville de Paris bénéficiaire, d'établir dans l'immeuble, à perpétuité, un asile destiné à recevoir temporairement les enfants non atteints de maladies contagieuses, et que leurs parents ne pourraient garder auprès d'eux. Enfin, 10 lits au moins devraient être réservés aux enfants natifs de la commune, les frais d'entretien de ces lits restant toutefois à la charge de la ville de Clichy. Cette donation a été acceptée par le Conseil municipal de la Ville de Paris, le 12 juillet 1895, au cours d'une délibération approuvée par arrêté préfectoral du 3 septembre suivant. L'acceptation régulière par la commune, en ce qui concerne l'entretien des lits qui lui sont réservés, date du 4 janvier 1896.

Au moment de la donation, l'immeuble comprenait, avec la cour, le jardin, les écuries et les anciens communs, une maison d'habitation et une loge de concierge qui ont été conservées. La Ville de Paris n'a donc eu à prendre à sa charge que les frais d'installation.

L'asile Léo-Delibes a été inauguré le 1er août 1897.

Il n'existe, dans la commune, ni *hôpital*, ni *théâtre*, ni *morgue*.

Il n'existe, non plus, ni *dispensaire*, ni *fourneaux économiques* municipaux.

Le dispensaire Gouin et les fourneaux économiques des sœurs de Saint-Vincent-de-Paul constituent, en effet, des fondations privées dont l'étude trouvera place au titre des Renseignements divers (v. plus loin p. 157).

Crèche. — La crèche communale, n° 72, rue du Bois, fonctionne depuis le commencement de l'année 1903. Elle s'élève sur un terrain de 603 m. 90, situé entre la rue Morice et la rue du Bois. Ce terrain se compose, pour partie, d'une ancienne propriété communale provenant de l'usine Delalain [1], et, pour le reste, d'une parcelle de 349 m. 90, appartenant primitivement aux héritiers Fauquet-Lemaître, et échangée par eux contre une autre parcelle communale de 280 m. 50, plus une soulte en argent de 2.082 francs.

---

[1] Pour les renseignements concernant cette acquisition, v. p. 61, à la rubrique Commissariat.

Cet échange a été autorisé par arrêté préfectoral du 18 mars 1897. D'autre part, la dépense des travaux de construction peut être évaluée, d'après le devis, à 83.095 francs.

Abattoir. — Les bouchers et charcutiers de Clichy, étant autorisés à tuer à l'abattoir de Levallois-Perret, la commune n'a pas établi d'abattoir spécial sur son territoire.

Dépôt de matériaux.— La ville de Clichy a pris à bail, pour 9 ans, du 1er avril 1896 au 31 mars 1905, moyennant le loyer annuel de 900 francs, un terrain situé rue Martre, n° 96, dans le but d'y établir un dépôt de matériaux.

Remise de pompes, Salle de fêtes et Gymnase municipal. — Ainsi que nous l'avons dit plus haut, à propos de l'école de filles de la rue Dagobert, le bâtiment annexe construit à côté de cette école, en 1877-1878, à destination de gymnase, a été désaffecté en 1902 et transformé en salle de fêtes, tandis que la commune faisait construire, rue du Bois, n° 111, un hall des pompes et un nouveau gymnase. Ces travaux de transformation et de construction ont fait l'objet d'un seul devis. La dépense qu'ils ont occasionnée devait s'élever, d'après ce devis, défalcation faite des rabais d'adjudication, à 151.082 fr. 43. Elle s'est élevée en réalité, d'après le décompte général, approuvé le 12 septembre 1902, à 184.315 fr. 95. Le procès-verbal de réception définitive des travaux date du 1er juillet 1902.

Marchés.— Il existe, à Clichy, 3 marchés :

Le marché principal est établi en façade des rues de Neuilly et de l'ancienne mairie, sur l'emplacement de l'ancien marché, des bâtiments de l'école des frères, laïcisée en 1880, et désaffectée depuis 1890, et d'un immeuble Gourdelier, acquis par la commune dans ce but. Le démolition de ces divers bâtiments communaux et la reconstruction du marché ont eté approuvées par un arrêté préfectoral en date du 5 mars 1896. La dépense occasionnée par cette reconstruction était alors évaluée, d'après le devis revisé, à 182.097 fr. 47. La réception définitive des travaux a eu lieu le 15 décembre 1898.

Le marché de la porte de Paris se tenait anciennement sur le trottoir du boulevard National, entre la porte de Paris et la rue Victor-Hugo. Il se trouve aujourd'hui établi boulevard National, près des fortifications, sur des terrains loués à la commune avec promesse de vente par MM. Auger et Roche. Le terrain de M. Roche, d'une contenance de 3.282 mètres superficiels, est loué à la commune pour 20 années, du 1er octobre 1890 au 30 septembre 1910, au prix annuel de 1.200 francs. Celui de M. Auger, d'une contenance de 4.103 m. 30, est loué pour 15 ans, du 1er juillet 1890 au 30 juin 1905, au prix annuel de 2.000 francs. D'après la promesse de vente annexée au premier bail, l'acquisition du terrain de M. Roche peut être réalisée à raison de 17 fr. 50 par mètre, jusqu'au 1er octobre 1905, soit au prix total de 57.435 francs, et, à raison de 20 francs par mètre du 1er octobre 1905 au 1er octobre 1910, soit au prix total de 65.640 francs. D'autre part, l'acquisition du terrain Auger reste réalisable pendant toute la durée du bail, moyennant le prix principal de 100.000 francs.

Enfin, le marché du boulevard de Lorraine, situé entre les rues Kloch et Morillon et le boulevard de Lorraine, occupe un terrain de 2.773 m. 38, loué pour 6 ans et 2 mois, du 1er mai 1900 au 30 juin 1906. Ce terrain, comme les précédents, peut être acquis pendant la durée du bail. Mais les conditions stipulées dans la promesse de vente imposent, pour cette acquisition, un prix de 40 francs par mètre superficiel, soit, au total, la somme de 110.935 fr. 20. D'après le bail, le prix du loyer devait être de 600 francs pendant les trois premières années, et de 800 francs à partir du 1er mai 1903.

Le marché principal est entièrement couvert et enclos de murs en briques. Le marché de la porte de Paris est établi sous abris volants, mais, comme il est également enclos, ces abris en réalité ne sont jamais démontés. Le marché du boulevard de Lorraine se tient seul sous abris mobiles.

Bureau de poste. — Le bureau de poste de Clichy, situé rue Dagobert, n° 10, constitue un bureau mixte, dont la location reste entièrement à la charge de l'État.

Bureaux d'octroi. — Sur les 12 bureaux d'octroi de Clichy, 2 seulement sont établis sur un terrain domanial, savoir :

1° Le bureau du pont de Clichy, bâti à l'angle du pont ;

2° Le bureau du pont d'Asnières, situé route d'Asnières.

7 autres bureaux sont pris en location par la commune, aux conditions suivantes :

1° Le bureau de la porte de Paris est établi sur un terrain loué à la Compagnie de l'Ouest, au prix annuel de 100 francs ;

2° Celui de la rue du Bois est installé dans une boutique louée à un particulier, à raison de 350 francs par an ;

3° Le bureau de Saint-Ouen, n° 215, boulevard Victor-Hugo, se trouve, comme le précédent, dans une boutique, louée annuellement 300 francs ;

4° Le bureau du Landy est construit, à la limite de Saint-Ouen, sur un terrain loué à un particulier, 200 francs par an. Ce bureau est mixte avec Saint-Ouen ;

5° Celui de Neuilly, rue du Bois, à la limite de Levallois, a été établi à l'aide d'une emprise sur un talus, pour laquelle la commune paye à la Compagnie de l'Ouest une redevance annuelle de 5 francs ;

6° Celui de Levallois (boulevard Victor-Hugo) a été construit par la Société des Magasins généraux sur son terrain, dans le but de faciliter ses opérations. La location de ce bureau lui est payée, par la commune, 1 franc par an, à titre de reconnaissance de son droit de propriété ;

7° Le bureau du gaz a été établi dans les mêmes conditions à l'intérieur de l'usine à gaz. Toutefois, comme son établissement a eu pour but exclusif d'éviter à la Compagnie du Gaz un dérangement inutile, celle-ci n'exige aucune redevance pour cette location et paye à la commune 2.200 francs par an pour frais de personnel.

Les 3 autres bureaux sont mixtes, les deux premiers avec Saint-Ouen, le troisième avec Levallois.

Le premier, dit des Épinettes, se trouve sur le territoire de Saint-Ouen, près de la porte Pouchet.

Le second, dit du Halage, est situé à l'angle de la rue de Seine et de la rue Pierre.

Enfin, le troisième, dit d'Asnières, est situé rue Victor-Hugo, sur le territoire de Levallois, à l'angle de la rue Baudin.

Commissariat. — Le commissariat de police de Clichy est installé, rue Martre, n° 56, dans la maison d'habitation de l'ancienne usine Delalain, acquise par la commune vers 1885, moyennant une somme de 100.000 francs, en vue du prolongement de la rue du Bois. Avant cette époque, il se trouvait à la mairie.

Propriétés communales. — En vue de l'élargissement du passage du puits Bertin, le Conseil municipal, réuni en séance privée, le 18 janvier 1901, a autorisé l'acquisition d'un immeuble situé au n° 1 de la rue de Neuilly, à l'angle du passage. Cette acquisition a été réalisée au Palais, moyennant le prix principal de 25.050 francs. L'entrée en jouissance a été fixée au 1er avril 1903.

L'immeuble comprend une maison louée annuellement 1.800 francs. Son état est précaire et elle doit être démolie prochainement.

Parcs et squares. — Il existe, à Clichy, deux grands parcs ou squares dans l'intérieur de l'agglomération, et cinq petits squares presque contigus, à l'entrée de la commune, près du marché de la porte de Paris.

Le square de la place des Fêtes a été établi sur une place communale, dont le terrain provient, pour la plus grande partie, d'une acquisition Fabien, réalisée antérieurement en vue de l'établissement du marché [1], et complétée par diverses opérations ultérieures.

Les plantations et les décorations existantes n'ont été exécutées par la commune qu'en 1896. D'après le décompte des travaux, approuvé par le Conseil municipal, dans sa séance du 24 novembre 1896, la dépense qui en est résultée doit se répartir comme suit :

Construction d'un kiosque à musique .   26.014 fr. 09
Décorations place des Fêtes.. . . . . .   23.989 fr. 78
Total égal. . . . . .   50.003 fr. 87

Le parc communal [2], situé entre le boulevard de Lorraine, la rue Villeneuve et celle du Général-Roguet, est établi sur un terrain de 16.703 m. 90, loué présentement, à la commune, 7.601 fr. 08 par an et appartenant à Mme Ve Léo Delibes. Cette location est faite pour 15 années, du 1er janvier 1896 au 31 décembre 1910, avec promesse de vente et calculée à raison de 3 fr. 50 % de la valeur du terrain. Celle-ci, d'autre part, est évaluée à 13 francs par mètre superficiel, ce qui représente, pour l'ensemble de la propriété, un capital de 217.176 fr. 79. Aux termes

1. Ainsi que nous l'avons vu en étudiant les marchés ce terrain a été désaffecté, le marché central ayant été établi sur l'emplacement de l'ancien marché et de l'ancienne école des frères.

2. Ce parc est désigné communément, sur les plans, sous le nom de parc Denain, du nom du précédent propriétaire de l'immeuble. Mais ce nom n'a rien d'officiel.

du bail, la promesse de vente reste valable pendant toute la durée de la location.

En 1897, la commune y a fait contruire un pavillon pour le garde, et aménager une pièce d'eau. Le devis de ces travaux, approuvé par le Conseil municipal, dans sa séance du 29 janvier 1897, évaluait la dépense à 12.000 francs pour le pavillon et à 4.357 fr. 71 pour la pièce d'eau.

Les petits squares, situés en bordure du boulevard National, sont établis comme le parc sur des terrains pris en location par la commune, tant au génie militaire qu'à la Compagnie du chemin de fer de l'Ouest. La redevance annuelle, payée du fait de cette location, est de 10 francs pour les terrains du génie militaire et de 1 franc pour ceux de la Compagnie de l'Ouest. L'occupation de ces derniers (6 parcelles mesurant 1.795 mètres) a été déclarée d'utilité publique par décret en date du 28 décembre 1889.

§ II. — DÉMOGRAPHIE

Depuis 1801, les différents dénombrements, effectués à Clichy, ont donné les résultats suivants :

1801 [1]	1.560
1817.	1.924
1831.	3.097
1836.	3.605
1841.	4.157
1846.	5.911
1851.	6.433
1856.	12.270
1861.	17.473
1866.	13.666
1872.	14.599
1876.	17.354
1881.	24.320
1886.	26.741
1891.	30.698
1896.	33.895
1901.	39.521

1. Un siècle auparavant, en 1709, lors du dénombrement des paroisses de la Généralité de Paris, la population de Clichy ne comprenait que 145 feux (Appendice, p. 424, au *Mémoire de la Généralité de Paris pour l'instruction du duc de Bourgogne*, publié dans la Collection des Documents inédits de l'Histoire de France, par M. de Boislisle).

Ainsi qu'on peut le voir d'après ce tableau, l'accroissement de la population, assez sensible, quoique modéré, dans la première moitié du siècle, paraît surtout s'être accentué de 1851 à 1861 : Dans l'intervalle de ces dix années, en effet, nous la voyons passer de 6.433 habitants à 17.473. Puis, en 1866, une brusque dépression se produit et la courbe statistique remonte ensuite d'une manière continue jusqu'en 1901. Encore, la dépression survenue, en 1866, est-elle purement apparente, puisqu'elle s'explique, en réalité, par l'érection, en commune distincte, du village de Levallois jusque-là dépendant de Clichy.

Le chiffre de 39.521, constaté au recensement de 1901, se décompose comme suit :

Population municipale agglomérée. 39.291
— comptée à part 230

La population de fait, recensée comme présente, s'élevait, le 29 mars 1896, à 33.449 habitants, et le 24 mars 1901, à 38.537, ce qui accuse, dans cette population, entre les deux recensements, une augmentation de 5.088 habitants.

Le travail détaillé, effectué par le Ministère du commerce, sur le dénombrement de 1901, ne comportant pas le classement des résultats par commune, les renseignements qui suivent seront empruntés, sauf indication contraire, au recensement de 1896.

La population recensée comme présente, le 29 mars 1896, se décompose de la manière suivante :

	ENFANTS ou célibataires	MARIÉS	VEUFS	DIVORCÉS	TOTAL
Hommes.	8.923	7.130	668	67	16.788
Femmes	7.752	7.084	1.753	72	16.661
	16.675	14.214	2.421	139	33.449

Au point de vue du lieu d'origine, elle se classe comme suit :
24.535 habitants venus de divers points de la France ;
7.332 habitants nés à Clichy ;
1.582 Alsaciens et étrangers.
Le classement par nationalité ressort du tableau ci-après :

		HOMMES	FEMMES	TOTAUX
Français	De naissance......................	15.784	15.758	31.542
	Naturalisés	245	284	529
Étrangers	Anglais, Écossais, Irlandais.......	14	19	33
	États-Unis	1	1	2
	Autres Américains	2	2	4
	Allemands.......................	57	68	125
	Autrichiens.....................	29	21	50
	Belges	287	226	513
	Hollandais......................	3	6	9
	Luxembourgeois..................	51	63	114
	Italiens	230	138	368
	Espagnols	7	5	12
	Suisses	60	63	123
	Russes..........................	13	5	18
	Roumains	4	2	6
	Turc............................	1	»	1
		16.788	16.661	33.449

Les départements de France qui fournissent, à la commune, le plus fort contingent sont :

Seine. 14.493
Seine-et-Oise. 1.294
Côtes-du-Nord 1.093
Seine-Inférieure 938
Aveyron 511
Nord 524
Seine-et-Marne. 509
Yonne 445
Sarthe 443
Ille-et-Vilaine. 408
Oise 404
Nièvre 401
Meurthe-et-Moselle. 401
Aisne 374
Manche. 354
Mayenne 344
Somme. 342
Meuse 324
Haute-Saône 321
Orne. 311
Saône-et-Loire 307

En résumé, la population de Clichy se classait, en 1896, d'après e lieu de naissance, de la manière suivante :

Français . .	32.071	dont . .	7.136	nés dans la commune.
Étrangers. .	1.378	— . .	163	—
Soit un total de .	33.449	dont . .	7.299	nés dans la commune.

Au cours de l'année 1902, l'état civil a enregistré :

916 naissances 1 ;
881 décès 2 ;
343 mariages ;
18 divorces.

B. — HABITATIONS

Nombre de maisons : 1.550 en 1896 ; 1.667 en 1901.
Le premier chiffre se répartit de la manière suivante :

Habitations composées d'un rez-de-chaussée	240
— d'un étage.	652
— de deux étages.	296
— de trois étages.	170
— de quatre étages.	125
— de cinq étages.	54
— de six étages.	13
Total.	1.550

1.124 ateliers, magasins ou boutiques
dont 84 dans des locaux servant d'habitation.

C. — DIVERS

Électeurs inscrits en 1903. — 8.106.

Recrutement. — 283 conscrits ont tiré au sort la même année.

Chevaux. — 2.055 chevaux appartenant à 413 propriétaires.

Chevaux entiers. . . .	565	dont	22 au-dessous de 6 ans
Chevaux hongres . . .	721	—	19	—
Juments.	769	—	24	—
Totaux	2.055	dont	65 au-dessous de 6 ans.

1. Non compris 56 mort-nés.
2. Dont 186 transcriptions d'actes de décès concernant des habitants de Clichy.

Voitures. — 440 voitures susceptibles d'être requises, appartenant à 174 propriétaires ; 451 voitures non réquisitionnables, appartenant à 232 propriétaires.

	Réquisitionnables	Non réquisitionnables
Voitures à 2 roues et à 1 cheval. . . .	195	218
— à 2 — et à 2 chevaux.	»	73
— à 4 roues et à 1 cheval.	175	123
— à 2 — et à 2 chevaux. . . .	70	37

§ III. — FINANCES

A. — CONTRIBUTIONS

Principal des contributions directes (chiffres prévus en 1903) :

Contribution foncière.	67.474	»
— personnelle et mobilière. . . .	55.066	»
— des portes et fenêtres. . . .	58.595	»
— des patentes.	177.761,50	
Total.	358.896,50	

Perception des contributions directes. — Clichy est le siège d'une perception des contributions directes, dont le ressort comprend les communes de Clichy et de Saint-Ouen. Le percepteur se tient à la disposition des contribuables en ses bureaux, rue Dagobert, n° 10, de 9 heures à 3 heures, les jeudi, vendredi et samedi de chaque semaine.

B. — OCTROI

Le mode d'administration de l'octroi, adopté à Clichy, est la régie directe. L'octroi est donc placé sous la surveillance immédiate du maire et sous la surveillance générale de la régie des contributions indirectes.

Les déclarations et la recette des droits s'effectuent dans les 12 bureaux municipaux énumérés plus haut [1], au titre du Domaine, et dans 3 bureaux de régie. Il existe, en outre, à la mairie, un bureau central destiné à recevoir les déclarations pour les objets

---

1. Parmi ces 12 bureaux, comme nous l'avons vu, 4 sont mixtes..

préparés ou fabriqués dans l'intérieur, et ceux entreposés à domicile, pour les mouvements de marchandises dans l'intérieur du périmètre de l'octroi, ainsi que pour le travail administratif.

Ces différents bureaux, aux termes du règlement approuvé par décret du 31 décembre 1896, sont ouverts tous les jours, depuis 7 heures du matin jusqu'à 6 heures du soir pendant les mois de janvier, février, novembre et décembre ; depuis 6 heures du matin jusqu'à 7 heures du soir, pendant les mois de mars, avril, septembre et octobre ; depuis 5 heures du matin jusqu'à 8 heures du soir, pendant les mois de mai, juin, juillet et août.

D'après le même règlement (art. 32), les propriétaires et commerçants sont, en justifiant de leur qualité, admis à recevoir chez eux et dans leurs magasins, à titre d'entrepôt et sans acquittement préalable des droits, les marchandises soumises à l'octroi.

Les admissions à la qualité d'entrepositaire sont prononcées par le maire. Toutes les contestations qui s'élèvent, relativement à l'admission au bénéfice de l'entrepôt, sont portées devant le maire qui prononce, sauf recours au préfet.

Les objets admis à l'entrepôt à domicile sont désignés dans le tableau ci-après :

DÉSIGNATION DES OBJETS ADMIS A L'ENTREPÔT	MINIMA A L'ENTRÉE	MINIMA A LA SORTIE
Raisins secs . .	3oo kilogr.	toute quantité
Bières.	5 hectol.	25 litres
Viande dépecée de boucherie et de charcuterie. . . .	1.000 kilogr.	15 kilogr.
Volailles, lapins domestiques et gibiers.	100 —	10 —
Huîtres.	5oo —	15 —
Bois à brûler et bois de déchirage.	100 stères	1 stère
Fagots et cotrets.	10.000 pièces	100 pièces
Charbon de bois et assimilés.	100 hectol.	3 hectol.
Charbon de terre et autres combustibles minéraux. .	8.000 kilogr.	200 kilogr.
Coke.	100 hectol.	4 hectol.
Huiles à brûler minérales.	2 hectol.	25 litres
Bougies .	100 kilogr.	5 kilogr.
Foin et paille.	1.000 bottes	5o bottes
Son, avoine, maïs.	5.000 kilogr.	74 kilogr.
Bois de construction de toute nature.	5o m. cub.	25 cent. cub.
Lattes et treillages	100 bottes	25 bottes
Plâtre et chaux.	200 hectol.	2 hectol.
Ciment.	10.000 kilogr.	100 kilogr.
Pavés, plâtras, moellons, meulières, sable et cailloux.	100 m. cub.	2 m. cub.
Pierre de taille.	100 —	5o cent. cub.
Marbres et granits.	5 —	25 —
Ardoises, briques, tuiles et carreaux.	20.000 pièces	200 pièces
Mitres, poteries, briques creuses, tuyaux en terre cuite, en grès ou en ciment.	5.000 kilogr.	200 kilogr.
Fer, fonte, cuivre, plomb, zinc et acier.	10.000 —	5o —
Verres à vitres et glaces.	1.000 —	25 —
Vernis de toute espèce autres que ceux à l'alcool, blanc de céruse et de zinc et autres couleurs, essence de toute nature, goudrons liquides, résidus de gaz et et autres liquides pouvant être employés comme essences .	5oo kilogr.	25 kilogr.

Les taxes principales ont produit, en 1902, 576.783 fr. 23, et les taxes spéciales, 250.495 fr. 66. Il convient de remarquer que les recettes ordinaires s'étant élevées, pendant l'exercice 1902, à 882.523 fr. 96, le produit des taxes principales, qui entre dans ce chiffre pour 576.783 francs, représente près des 2/3 des ressources normales de la commune.

Le personnel de l'octroi, à Clichy, comprend un préposé en chef à 5.000 francs, un brigadier à 2.700 francs, un receveur central à 2.600 francs, 9 receveurs à l'entrée et 10 surveillants recevant ensemble 36.500 francs.

Une somme de 46.800 francs est actuellement inscrite au budget annuel de la commune pour leur traitement.

C. — FINANCES COMMUNALES

Recettes ordinaires d'après le compte de 1902 . 882.523,96
— extraordinaires 512.878,72

Total général des recettes, . . . 1.395.402,68 [1]
Dépenses ordinaires d'après le compte de 1902 . 828.218,57 [2]
— extraordinaires — — . 416.531,97 [2]
Total général des dépenses . . 1.244.750,54 [3]

Les dépenses ordinaires se répartissent ainsi entre les différents services :

1° Administration et police [4] . . .	216.043,72
2° Voirie non vicinale	245.016,21
— vicinale	20.385,79
3° Bienfaisance [5]	101.347,55
4° Enseignement	168.079,16
5° Dépenses diverses [6] . . .	77.346,14
Total . .	828.218,57

1. Ces recettes représentent les ressources normales de la commune.

2. Non compris les restes à payer devant figurer au compte administratif de l'année suivante.

3. Ce total représente les dépenses normales de la commune.

4. Les dépenses d'administration et de police comprennent les §§ 1, 2, 5, 7, 9, 13 et 15. Elles se répartissent ainsi :

1° Administration communale et police	118.533,60
2° Octroi	55.704,33
5° Pompiers	5.955 »
7° Rentes et pensions	1.520 »
9° Subventions diverses	14.150 »
13° Fêtes publiques	14.029,59
15° Recette municipale	6.151,20
Total	216.043,72

Le § 12, consacré au service de l'église, ne comporte aucune dépense en 1902.

5. Sous la rubrique bienfaisance, nous comprenons les §§ 6 et 10 du compte, savoir :

6° Assistance 101.347,55
10° Crèche. — La crèche, n'ayant été ouverte que depuis 1903, n'a occasionné, à la commune, aucune dépense en 1902.

6. Dans les dépenses diverses, nous comprenons les §§ 4 et 14, les dépenses supplémentaires et les restes des exercices précédents :

4° Dépenses diverses proprement dites	37.559,67
14° Dépenses imprévues	1.811,37
16° Dépenses supplémentaires et restes des exercices précédents	37.975,10
Total	77.346,14

Emprunt. — Il n'existe actuellement qu'un seul emprunt en cours de remboursement :

Cet emprunt, s'élevant à 955.700 francs, a été réalisé à la Caisse des dépôts et consignations, au taux de 3 fr. 60 %, conformément à une autorisation préfectorale en date du 1er septembre 1898, en vue du remboursement d'un emprunt précédent et du payement de diverses dettes communales.

Le montant du service des intérêts et des frais de commission pendant la période complète d'amortissement, c'est-à-dire du 25 novembre 1899 au 25 novembre 1919, s'élève à 423.869 fr. 51.

Le remboursement complet doit être effectué en 21 annuités de 65.249 fr. 18, payables le 25 novembre de chaque année. Toutefois, la date de réalisation de l'emprunt ne coïncidant pas avec le départ du calcul primitivement prévu pour son amortissement, la première annuité a été augmentée, au moment de son payement, d'une somme de 9.336 fr. 73, montant de l'intérêt au taux de l'emprunt, sur les portions réalisées avant ce point de départ, c'est-à-dire du 25 février au 25 novembre 1899.

Au 1er janvier 1903, la commune avait déjà remboursé 270.333 fr. 45, dont 131.431 fr. 94 sur le capital et 138.901 fr. 51 sur les intérêts.

Indépendamment de cet emprunt, la commune prépare, comme nous l'avons vu plus haut, un nouvel emprunt de 2.875.000 francs, en vue de l'agrandissement de la mairie, de la reconstruction de l'école de garçons de la rue Dagobert, et d'importantes opérations de voirie et d'assainissement.

Valeur du centime en 1903. — 3.588 fr. 96.

Nombre de centimes. — 28 centimes additionnels, dont 23 extraordinaires. Ces derniers sont destinés, jusqu'à concurrence de 20 centimes, à gager l'emprunt communal. Les trois autres sont affectés aux chemins vicinaux.

Charges par habitant en 1902 : 25 fr. 60. — La commune, en 1902, occupait le 13e rang au point de vue des charges et le 5e au point de vue de l'importance du budget.

Secours. — Au cours des dix dernières années, le département a accordé, à la ville de Clichy, les subventions suivantes sur les fonds de l'octroi de banlieue : arrêté du 29 juillet 1898 : acquisition d'immeubles de la Compagnie parisienne du Gaz, 100.000 francs;

arrêté du 13 juin 1899 : reconstruction de la gare de Clichy-Levallois, 15.000 francs; arrêté du 16 octobre 1901 : construction d'une crèche (allocation en principe), 17.000 francs [1].

Receveur municipal. — Depuis le 19 janvier 1886, conformément au décret du 9 décembre 1885, la commune possède un receveur municipal spécial.

La caisse est ouverte, à la mairie, tous les jours non fériés, de 9 heures à midi et de 1 heure à 4 heures, le lundi excepté.

En 1902, ce comptable a reçu un traitement de 6.151 fr. 20, à titre de receveur municipal, et 900 francs comme trésorier du Bureau de bienfaisance.

En outre, depuis le début de l'année 1902, il reçoit, comme trésorier de la fondation Roguet, une somme de 2.145 francs par an.

---

1. Dans ces subventions, ne sont pas compris les frais d'externat et la subvention pour l'exposition de 1900.

II. — SERVICES PUBLICS

§. I. — BIENFAISANCE

Bureau de bienfaisance et consultations gratuites.— La ville de
Clichy est, comme celle de Levallois, divisée en 6 quartiers au
point de vue de la distribution des secours. Chaque administrateur est chargé d'un quartier et reçoit, à la mairie, un jour par
semaine, les demandes et les doléances des indigents compris dans
son ressort.

La liste d'assistance arrêtée par la Commission administrative,
après avis et enquête de l'administrateur compétent, est complétée
par les différents membres de la Commission, chacun en ce qui
le concerne, au fur et à mesure des besoins. Tous les trimestres, elle
est en outre revisée. Toutefois, à toute époque, les administrateurs
peuvent opérer la radiation de ceux qui cesseraient d'avoir les
mêmes titres à l'assistance ou abuseraient du secours accordé.

La Commission se réunit, en principe, une fois par mois, pour
écouter le rapport de chacun de ses membres touchant sa gestion
et prendre des décisions.

Tous les indigents inscrits aux secours reçoivent une carte indiquant l'âge du titulaire, celui de sa femme, et le nombre de leurs
enfants au-dessus ou au-dessous de 13 ans. C'est de ces indications que l'on déduit la quantité des secours à accorder à chacun
d'eux. Il existe, en outre, une carte spéciale pour les médicaments
et les soins médicaux. Les secours se divisent en secours perma-

nents, temporaires et accidentels. Les premiers sont accordés aux vieillards âgés de plus de 70 ans, ainsi qu'aux infirmes et incurables.

Chaque vieillard reçoit un bon de viande de 1 franc tous les mois et 2 kilos de pain par semaine. Les ménages surchargés d'enfants ne reçoivent par contre que des bons de pain, en quantité variable d'ailleurs selon le nombre de leurs enfants. Ceux de 4 enfants ont droit à 3 kilos par semaine, ceux de 5 enfants à 4 kilos et ceux de 6 à 5 kilos. En outre, chaque indigent reçoit toutes les semaines un bon de lavoir valable le samedi et le dimanche, et donnant droit à 2 paquets de coulage, 3 seaux d'eau chaude ou lessive, 2 litres d'eau de javelle, 350 grammes de savon, 500 grammes de carbonate de soude et à un séjour de 4 heures dans l'établissement.

Les secours temporaires sont attribués pour une durée déterminée par l'administrateur compétent, notamment en cas de maladie ou de chômage. Ils consistent généralement en 2 kilos de pain par semaine.

Les secours accidentels sont attribués principalement aux blessés, ou, en cas de décès, à la famille du défunt. Ils dépendent, comme les précédents, exclusivement de l'administrateur compétent, et en son absence de l'employé du Bureau de bienfaisance, qui se tient en permanence à la mairie.

En outre, le Bureau de bienfaisance délivre une paire de galoches à tous les indigents inscrits à titre permanent, et 3 hectolitres de coke portés aux domiciles des bénéficiaires pour l'ensemble de l'hiver à tout indigent recevant, au moment de la distribution, des secours à quelque titre que ce soit, même temporaire ou accidentel.

Il délivre aussi sur demande spéciale, adressée au maire, des secours de logement s'élevant à 5 ou 10 francs, et des secours en argent. Le crédit affecté aux secours de logement a été de 2.500 francs en 1902 et en 1903 ; le crédit des secours en argent a été, d'autre part, de 3.000 francs en 1902 et de 4.500 francs en 1903.

En ce qui concerne le service médical, il convient de distinguer le service médical à domicile qui est assuré exclusivement par les soins du Bureau de bienfaisance et les consultations gratuites qui ont lieu tous les jours à partir de 8 h. 1/2 du matin dans le local de la rue Dagobert, servant d'annexe à la mairie (v. plus haut p. 47). Ces dernières, quoique données par les deux médecins du bureau, assistés de celui des écoles, et d'un chirurgien-dentiste, restent à la charge de la commune qui attribue annuellement 250 francs à chacun à raison d'un jour de consultation par semaine. Chacun des 3 médecins étant tenu à 2 jours de présence par semaine touche donc 500 francs, et le dentiste qui ne reçoit les visiteurs que le jeudi, à partir de 10 heures, a droit à une indemnité de 250 francs.

Pour les visites à domicile, le Bureau de bienfaisance attribue à chaque médecin 1 franc par dérangement dans les cas ordinaire et 3 francs dans les cas urgents.

En cas d'accouchement, des secours spéciaux sont accordés aux femmes indigentes, sur demande adressée au maire. Chacune d'elles reçoit une lettre pour une des sages-femmes de la commune, une ordonnance toujours identique dans tous les cas à faire préparer à l'avance et un bon de bain. Quand elle donne naissance à des jumeaux, elle reçoit, en outre, un secours pécuniaire de 10 francs. Enfin, après l'accouchement, elle a droit à un bon de viande de 1 franc, à un bon de pain de 2 kilos et à un bon de lavoir valable tous les jours de la semaine à la différence des bons hebdomadaires, dont nous avons parlé plus haut, et qui ne sont valables que le samedi et le dimanche.

Le Bureau de bienfaisance, sans adjuger chaque catégorie de fournitures à un commerçant attitré, s'est entendu avec les différents boulangers et pharmaciens qui tous consentent un rabais identique. Ce rabais est, pour le pain, de 0 fr. 01 par kilogramme sur le prix de la taxe officieuse, publiée par la Préfecture de la Seine, et, pour les médicaments, de 40 % sur le tarif de la Société de prévoyance des pharmaciens de la Seine. Les bouchers délivrent la viande sur la présentation de bons de 1 franc ou de 0 fr. 50.

L'état des secours accordés en 1902 [1] résulte du tableau suivant :

---

1. Non compris les secours accordés par le service de l'assistance médicale gratuite.

| NATIONALITÉ | NOMBRE DES INDIVIDUS DE MOINS DE 60 ANS | | | | | | | | NOMBRE DE VIEILLARDS DE 60 ANS ET AU-DESSUS | | | TOTAL GÉNÉRAL des secourus |
| | VALIDES | | | | INFIRMES | | | | | | | |
	Hommes	Femmes	Enfants au-dessous de 15 ans	TOTAL	Hommes	Femmes	Enfants au-dessous de 15 ans	TOTAL	Hommes	Femmes	TOTAL	
Français.....	253	372	1.269	1.894	17	15	7	39	75	172	247	2.180
Étrangers....	3	6	31	40	»	»	»	»	6	9	15	55
Totaux...	256	378	1.300	1.934	17	15	7	39	81	181	262	2.235

SECOURS PAR CATÉGORIE

Secours annuels (vieillards ou infirmes incapables
de travail). . . . . 17.224 »
Secours temporaires. . . . . 18.564 »
Secours accidentels (mort du chef de famille,
maladie, chômage prolongé) . . . . 5.834 »

41.622 »

On trouvera, d'autre part, dans le compte administratif reproduit ci-dessous, l'indication des recettes et des dépenses effectuées par le Bureau de bienfaisance pendant l'exercice 1902 :

Recettes

1° RECETTES ORDINAIRES

Rentes sur l'État. . . . . 727 »
Legs Godard-Desmarets . . . . 88 »
Intérêts de fonds placés au Trésor. 198,17
Concessions de terrain dans les cimetières . . . 8.338,36
Subvention de la commune . . . . 31.000 »
Dons, quêtes, souscriptions 972,95
Legs Valiton. . . . . 398 »
Levée des troncs de la mairie et autres. . . . . 1.139 »
Allocation pour incurables et distribution de bons
de logement. . . . . 12.935 »

Total des recettes ordinaires...... 55.796,48

2° RECETTES EXTRAORDINAIRES

Arrérages de rente.	33,50
Subvention départementale (fête du 14 juillet) . .	1.133 »
Total des recettes extraordinaires.	1.166,50

Dépenses

1° DÉPENSES ORDINAIRES

Pensions et rentes à la charge du Bureau et secours en argent	17.033 »
Remises du receveur.	900 »
Pain et denrées alimentaires.	20.654,90
Vêtements et chaussures.	907,75
Chauffage	1.800 »
Frais de bureau, timbres et impositions	371,26
Médecins, sages-femmes, médicaments, bandages et bains	16.505,57
Bons de lavoir.	2.564,50
	60.736,98

2° DÉPENSES EXTRAORDINAIRES

Frais occasionnés par les dons et legs (entretien de la sépulture de Mⁱˡᵉ Nourry).	45 »
Achat de rentes sur l'État. Emploi du legs de Mⁱˡᵉ Nourry.	4.987,27
Emploi de subvention pour fête nationale	1.133 »
	6.165,27

Dons et legs. — Voici l'indication des dons et legs faits, soit au Bureau de bienfaisance, soit à la Caisse des écoles.

a. Legs Vᵉ Chaillout.— Ce legs, résultant d'un testament du 2 février 1858, comprenait une somme de 1.000 francs.

b. Legs Chaboureau. — Par testament du 1ᵉʳ janvier 1865, Mⁱˡᵉ Chaboureau, religieuse des sœurs de charité à Bourges, a légué aux pauvres de Clichy une somme de 800 francs.

c. Donation Valiton. — Par acte dressé après le décès de Mᵐᵉ Vᵉ Valiton, née Désirée-Aglaé Saintard, par Mᵉ Bazin, notaire, le 20 octobre 1869, Mᵐᵉ Lagoutte, sa légataire, désireuse de remplir une intention charitable manifestée par elle, a fait don au Bureau de bienfaisance de Clichy de la somme de 10.000 francs, frais de mutation compris, dans le but d'assurer la fondation d'une rente perpétuelle au profit de 10 vieillards pauvres de la commune.

Ce don a été accepté par la Commission administrative du

Bureau de bienfaisance dans la séance du 18 décembre 1869. Le titre de rente, acheté à l'aide de ce legs, produit annuellement un revenu de 398 francs, répartis également au mois de janvier entre 10 vieillards titulaires désignés par le Bureau.

d. Donation Villeneuve. — Cette donation consiste en un capital de 500 francs, attribué par M. Villeneuve à la Caisse des écoles qui en a fait emploi en achat de rentes.

e. Legs Beynaguet. — Par testament en date du 15 décembre 1893, déposé chez M⁰ Taupin, notaire à Clichy, M. Beynaguet (Victor) a légué 2.000 francs aux pauvres.

f. Legs Gesnouin. — Le legs de Mˡˡᵉ Gesnouin, dont l'acceptation a été autorisée par arrêté préfectoral du 3 août 1897, comprend :

1° Un capital de 4.000 francs, attribué à la Caisse des écoles, dans le but de constituer des livrets de Caisse d'épargne de 10 francs chacun au profit des jeunes filles les plus méritantes des écoles laïques ;

2° La nue propriété d'une rente 3 % de 1.500 francs sur l'État grevée d'usufruit, pendant la vie de Mˡˡᵉ Marie-Sidonie Marcou, et dont les revenus, après le décès de l'usufruitière, doivent être employés à loger des vieillards pauvres et infirmes.

g. Don Willame. — Par lettre du 20 septembre 1900, Mᵐᵉ Willame, conformément aux dernières volontés de son mari, a envoyé au Bureau de bienfaisance de Clichy une somme de 3.000 francs.

h. Legs Nourry. — Enfin le legs de Mˡˡᵉ Nourry (testaments des 22 août 1893, 12 mai 1897 et 18 avril 1898, dont les dispositions ont été approuvées par arrêté préfectoral du 24 septembre 1901), se compose d'une somme de 5.000 francs, attribuée aux pauvres de Clichy, à charge pour la commune de veiller à l'entretien de son tombeau.

Enfin il convient de rappeler, pour mémoire, le legs universel de Mᵐᵉ la marquise de Sanzillon dont les dispositions ont été énoncées avec détails au titre du Domaine (v. plus haut p. 55-56).

Fondation du général Roguet (hospice-orphelinat). — L'établissement du général Roguet ne doit être ouvert qu'au printemps de l'année 1904 ; il est donc impossible de donner dès maintenant des détails sur son fonctionnement. Toutefois, voici à titre d'indication, quelques renseignements généraux sur son objet :

Tout d'abord il doit comprendre un orphelinat et un hospice, au total 120 lits (60 pour l'orphelinat et 60 pour l'hospice). Les deux tiers des lits, dans chacune des sections, sont destinés aux enfants ou aux vieillards natifs de Clichy, le reste demeurant à la disposition du département, conformément à la transaction intervenue entre M. le Préfet de la Seine et M. le Maire de Clichy (v. plus haut, p 56).

Pour être admis à l'orphelinat, les enfants devront être âgés de 3 ans au moins et de 7 ans au plus, et ils n'y pourront rester après 16 ans.

Ils seront, autant que possible, placés en apprentissage à Clichy, afin qu'ils puissent habiter l'orphelinat jusqu'à 16 ans, et seront mis à même ensuite de gagner honnêtement leur vie.

Un prélèvement de 50 % sera effectué chaque année sur le produit du travail des enfants, de manière à leur constituer, à leur sortie définitive, un trousseau et une somme d'argent. Le reste sera placé en rentes 3 % avec mention, sur l'inscription, de l'emploi auquel il est destiné. Enfin un Comité spécial de patronage doit être formé dans le but d'assurer le placement et l'assistance morale des enfants, après leur sortie de l'établissement.

Une seule Commission s'occupera de l'administration de l'hospice et de celle de l'orphelinat et statuera sur les admissions. Toutefois, aux termes d'un règlement général, adopté pour l'orphelinat, par le Conseil municipal, dans sa séance du 11 avril 1899, il est stipulé que le budget de l'hospice doit rester distinct de celui de l'orphelinat, dont les ressources doivent être exclusivement affectées à ses besoins et ne pourront, en aucun cas, être détournées au profit de l'hospice.

Asile Léo-Delibes. — L'asile Léo-Delibes, donné à la Ville de Paris par Mme Vᵉ Léo Delibes dans les conditions rapportées plus haut (voir Domaine, p. 58), est destiné à recevoir les enfants des deux sexes, âgés de moins de 5 ans, et dont les parents, pour une cause quelconque, sont obligés de se séparer momentanément. Les enfants sont répartis, selon leur âge, en deux sections distinctes.

La première section, destinée aux enfants de moins de 3 ans, est organisée comme une crèche ; la 2ᵉ section, destinée aux enfants de plus de plus de 3 ans, est organisée comme une école maternelle.

L'asile qui ne contenait, à l'origine, que 25 lits, peut actuellement en recevoir jusqu'à 35.

Aux termes de l'acte de donation, 10 lits sont réservés aux enfants de la commune de Clichy, qui prend à sa charge leurs frais d'entretien. Dans le courant de l'année 1898, diverses améliorations ont été réalisées : afin d'éviter les causes de contagion qui peuvent résulter des visites des parents, on a aménagé, dans les anciens communs de la propriété, un parloir isolé, de façon à pouvoir interdire aux visiteurs tout contact avec l'intérieur de l'établissement. Cette modification dans le service et la construction d'un pavillon d'isolement pour l'observation des nouveaux admis, ont permis de conjurer jusqu'ici toute maladie épidémique.

Le personnel administratif, chargé d'assurer le service de l'asile, se compose d'une directrice faisant fonction d'institutrice, d'une économe et d'une surveillante, plus spécialement chargée, sous le contrôle du médecin, de donner les soins hygiéniques aux enfants, enfin d'une cuisinière et de 4 femmes de service.

Parmi les causes qui motivent le placement des enfants à l'asile, il faut signaler surtout la maladie, le veuvage ou le chômage des parents.

Au cours des 3 années 1897, 1898 et 1899, 242 enfants, dont 122 filles et 120 garçons, y ont été admis.

L'extension de l'établissement avait été projeté, en 1900, de manière à lui permettre de recevoir 50 enfants, dont 30 fréquenteraient l'école maternelle, et 20 seraient gardés à la pouponnière. Mais ce projet, sans être abandonné, n'a encore reçu aucun commencement d'exécution.

Le budget de la Ville de Paris, en 1903, prévoit, pour l'entretien de l'asile Léo-Delibes, une dépense totale de 31.950 francs répartie comme suit :

A. — PERSONNEL

1 directrice	3.333,33
1 économe de 1re classe	1.400 »
1 surveillante de 1re classe	1.000 »
1 homme de peine jardinier, logé et nourri	1.000 »
1 concierge	400 »
Honoraires du médecin	1.800 »
Indemnités à 4 femmes de service	1.600 »
— à 1 cuisinière	600 »
Remplacements en cas de maladie ou d'absence	200 »
Gratifications	200 »
Total des dépenses du personnel	11.533,33

B. — MATÉRIEL

Entretien des bâtiments.	3.000	»
Entretien et renouvellement du matériel	1.000	»
Entretien et renouvellement des effets des enfants.	450	»
Entretien, renouvellement et blanchissage du linge.	1.000	»
Médicaments, produits chimiques, désinfectants. .	1.000	»
Alimentation du personnel administratif et des enfants	11.000	»
Chauffage et éclairage.	2.300	»
Frais de vidange	200	»
Taxes, abonnements, dépenses imprévues.	466,67	

Total des dépenses relatives au matériel . .   20.416,67

Total général . . . .   31.950 »

Le nombre des journées de présence, en 1902, s'est élevé d'autre part à 10.890.

Service médical de nuit. — Un service médical de nuit a été établi dans la commune aux termes d'une délibération du Conseil municipal, en date du 1er décembre 1882, approuvée le 25 janvier 1883.

Les visites sont payées 10 francs, par les malades, quand ils sont solvables, et par la commune dans le cas contraire.

Une indemnité de 500 francs est répartie entre les divers agents du commissariat qui accompagnent les docteurs.

La dépense supportée par la commune, en 1902, du fait de ce service, s'est élevée à 1.640 francs. D'autre part, les sommes recouvrées pendant le même exercice ont été de 140 francs.

Traitement des malades dans les hôpitaux de Paris. — Conformément à la délibération du Conseil général de la Seine, en date du 28 novembre 1900, les dépenses de traitement des malades soignés dans les hôpitaux de Paris ont été évaluées, jusqu'à la fin de 1902, à 3 fr. 34 par jour et par malade, la répartition s'effectuant de la manière suivante : 1 fr. 10 à la charge des communes ; 1 fr. 10 à la charge du département ; 1 fr. 14 à la charge de l'Assistance publique.

Les communes, aux termes de cette délibération, ont gardé le droit de contracter des abonnements, dont le montant est déterminé par le nombre de leurs malades pendant les 3 dernières années, ou de payer leur quote-part, suivant le nombre exact des journées de traitement des malades ayant leur domicile de secours sur leur territoire.

6

Mais, en raison de la progression des dépenses, le chiffre de
3 fr. ·34 s'est trouvé inférieur au prix de revient réel. En conséquence, le Conseil général, dans sa séance du 10 décembre 1902, a
dû le porter à 3 fr.41 . Ces nouvelles dispositions, qui sont appliquées depuis le 1er janvier 1903, ont nécessité entre le département,
les communes et l'Assistance publique, la répartition suivante :

A la charge du département . . . . 1 fr. 364
A la charge des communes. . . . . 1 fr. 364
A la charge de l'Assistance publique . . . . 0 fr. 682

La part de l'Assistance publique se trouve donc, de ce fait,
sensiblement réduite.

La dépense, en 1902, s'est élevée a 34.830 fr. 40.

Les malades de Clichy sont plus spécialement dirigés sur
l'hôpital Beaujon.

Les transports sont effectués par une voiture d'ambulance
municipale. Une allocation de 5 francs par transport est payée par
la commune au loueur de voitures chargé de ce service.

Assistance à domicile. — Le Conseil général, par délibérations
des 18 décembre 1895 et 26 avril 1896, a décidé : 1° qu'une allocation
serait attribuée aux communes qui consacreraient des ressources à
l'assistance à domicile des vieillards indigents, infirmes et incurables ; 2° que le montant de cette allocation serait égal au tiers des
dépenses faites dans ce but par la commune.

Les conditions d'admission sont les suivantes : une infirmité
incurable ou 70 ans d'âge d'une part, et 10 ans de résidence dans le
département, dont 1 an dans la commune d'autre part.

En 1902, 54 vieillards et 2 infirmes ont reçu des secours dans
ces conditions.

L'allocation mensuelle, attribuée à chacun d'eux, s'élève à
15 francs et la dépense qui en est résultée pour la commune a été
de 9.935 francs dont le tiers a été remboursé par le département.

Au service de l'assistance à domicile, on peut rapporter encore
les arrérages provenant du legs Valiton qui, ainsi que nous l'avons
dit plus haut, sont répartis tous les ans entre 10 vieillards de la
commune.

Aliénés.— 147 malades, ayant leur domicile de secours à Clichy,
ont été soignés, au cours de 1902, dans les divers asiles du département. Ils ont occasionné une dépense totale de 83.207 fr. 15. Sur
cette somme, 522 fr. 80 ont été remboursés par les familles.

D'autre part, la commune, contribuant à la dépense pour 45 %, a dû verser 35.092 fr. 95, le surplus, soit 42.891 fr. 40 restant à la charge du département.

Enfants assistés et moralement abandonnés. — Les enfants maltraités ou moralement abandonnés sont assimilés, pour la dépense, depuis le 1ᵉʳ janvier 1890, aux enfants assistés, en vertu d'une délibération du Conseil général du 16 décembre 1889. Cette délibération a été prise dans le but de faire bénéficier le département des dispositions de l'article 25 de la loi du 24 juillet 1889. Aux termes de cet article, en effet, la subvention de l'État, dans les départements où le Conseil général se sera engagé à assimiler les enfants maltraités ou moralement abandonnés aux enfants assistés, doit être portée au cinquième des dépenses tant extérieures qu'intérieures des deux services. Dans ces conditions, les charges relatives à ces deux services se confondent et les communes pour qui cette dépense est obligatoire n'ont à fournir qu'un seul contingent.

La somme recouvrée de ce chef sur la ville de Clichy, pour sa part des dépenses en 1902, a été de 6.800 francs.

Protection des enfants du premier âge. — En 1902, les déclarations faites par les parents, conformément à l'article 7 de la loi du 23 décembre 1874, se résument ainsi :

	AU SEIN	AU BIBERON	TOTAL
Nombre d'enfants de Clichy mis en nourrice dans le département de la Seine.	5	58	63
Nombre d'enfants de Clichy mis en nourrice hors du département de la Seine.	22	159	181
	27	217	244

81 déclarations d'élevage, dont 3 concernant des enfants nés hors du département de la Seine, ont été faites par des nourrices de la localité, en exécution de l'article 9 de la même loi.

Crèche. — La crèche communale, située rue du Bois, n° 72, n'est ouverte que depuis le 12 janvier 1903.

Depuis cette époque, elle reçoit les enfants tous les jours non fériés, de 6 h. 1/2 du matin à 7 heures du soir.

Y sont seuls admis les enfants de plus de 15 jours et de moins de 3 ans. Les demandes d'admission doivent être adressées au maire, et accompagnées du bulletin de naissance de l'enfant, d'un certificat de vaccin et d'un autre certificat constatant que les parents de l'enfant sont journellement occupés hors de leur domicile. Les admissions sont accordées par le maire. Aucun enfant ne passe la nuit dans l'établissement.

La mère de chaque enfant est tenue de venir l'allaiter au moins 2 fois par jour jusqu'au moment où le médecin de la crèche autorisera le sevrage. Après le sevrage, elle doit garnir son panier pour la journée.

La rétribution maternelle est fixée :

Pour un enfant . . . . à   o fr. 20 par jour
— deux enfants. . . . . à   o fr. 25   —
— trois enfants. . . . . à   o fr. 3o   —

Elle doit être versée tous les jours entre les mains de la directrice.

La directrice est responsable du mobilier, du linge, de tout le matériel et du bon ordre dans l'établissement.

Elle est logée dans l'immeuble, et a sous ses ordres les berceuses et les femmes de service.

Une Commission spéciale, nommée par le maire, est chargée de veiller, de concert avec l'administration municipale et le médecin, au bon fonctionnnement de l'œuvre. Elle doit veiller notamment à ce que les enfants reçoivent les soins nécessaires et à ce que leurs aliments soient toujours bons et convenables.

La température des salles ne doit jamais être inférieure à 13°, ni supérieure à 16°.

La ventilation est assurée d'une manière constante. Une heure avant la sortie, en hiver, la température est graduellement abaissée, afin d'éviter aux enfants une transition trop sensible. Après le départ, les locaux sont nettoyés et aérés.

Le médecin doit visiter la crèche chaque jour, dans la matinée, afin de faire rendre immédiatement aux parents tout enfant dont la présence paraîtrait présenter des inconvénients au point de vue sanitaire.

L'établissement n'étant ouvert que depuis 1903, il nous est impossible d'indiquer sa situation financière exacte telle qu'elle résulte du dernier compte administratif.

Voici du moins, à titre d'indication, les prévisions de dépenses portées au budget de 1903 :

Traitement de la directrice.	1.300	»
— des femmes de service.	4.000	»
— du médecin.	300	»
Chauffage, éclairage et blanchissage.	1.000	»
Entretien de l'immeuble et fourniture d'eau. . . .	1.000	»
Objets mobiliers (achat et entretien).	500	»
Achat de linge et habillement pour les enfants. .	300	»
Achat de médicaments, lait, etc.	2.600	»

Secours aux familles nécessiteuses des soldats de la réserve et de la territoriale. — Ces secours sont délivrés sur la proposition de la Commission des affaires militaires. Ils ne sont alloués qu'aux familles qui, domiciliées depuis 6 mois au moins, à Clichy, se trouvent, par suite de l'absence momentanée de leur chef, privées des ressources indispensables à leur existence. Chaque demande fait l'objet d'une enquête à domicile. Les pièces à produire sont les suivantes :

1° Des quittances de loyers ou des certificats de propriétaires (légalisés par le commissaire de police), établissant la continuité du domicile, à Clichy, pendant 6 mois ;

2° Un certificat du patron, indiquant le gain du chef de famille et attestant qu'il ne reçoit aucun salaire pendant son séjour sous les drapeaux (cette pièce légalisée par le commissaire de police de la commune ou du quartier habité par le patron) ;

3° Enfin, un certificat de présence au corps de l'intéressé.

Le taux des allocations, d'autre part, est fixé comme suit :

1 franc par jour pour la femme et 0 fr. 50 par enfant ou par ascendant soutenu.

La dépense qui a résulté des secours accordés dans ces conditions, pendant l'année 1902, s'est élevée à 9.159 fr. 50.

Propagation de la vaccine. — Pour les enfants des écoles communales, des séances de vaccination ont lieu, chaque année, par les soins de l'Institut de vaccine animale, situé rue Ballu, n° 6, à Paris.

Des vaccinations gratuites sont, en outre, pratiquées par le médecin-inspecteur des écoles, le docteur Hellet, dans la salle des fêtes, située rue Reflut, n° 19. Ces séances de vaccination ont lieu 2 fois par semaine, du 15 mars au 15 octobre, sauf au mois de juillet où elles n'ont lieu qu'une fois, et au mois d'août, où elles sont supprimées.

Le nombre des vaccinations et des revaccinations gratuites

effectuées à Clichy, en 1902 (non compris les enfants des écoles), résulte du tableau suivant :

	Sexe masculin	Sexe féminin	TOTAL
Vaccinations.	272	246	518
Revaccinations.	27	28	55
	299	274	573

La dépense supportée par la commune, en 1902, pour la propagation de la vaccine, s'est élevée à 412 francs, y compris 100 francs alloués au médecin, à titre d'indemnité.

Bureau municipal de placement gratuit. — Depuis le 15 février 1897, un bureau municipal de placement gratuit est ouvert à la mairie, tous les jours non fériés, de 9 heures du matin à 5 heures du soir. Le nombre de placements effectués par son intermédiaire, depuis sa fondation, s'élève à 3.165.

En 1902, les registres du bureau accusent 1.046 demandes d'emploi, 736 offres d'emploi et 510 placements.

Sociétés de secours mutuels. — A part la Société de l'imprimerie Paul Dupont, qui, malgré le nombre de ses membres, se recrute exclusivement parmi les ouvriers de l'usine et affecte par suite un caractère privé, nous signalerons, à Clichy, 3 Sociétés de secours mutuels d'une certaine importance, savoir :

1º La Société dite de Clichy, fondée le 1er septembre 1839, autorisée par décision ministérielle du 7 mars 1840 et approuvée le 23 avril 1859 ;

2º La Société de secours mutuels des Ouvriers réunis, fondée le 14 avril 1872, autorisée par arrêté préfectoral du 14 mars 1873 et approuvée par arrêté ministériel du 12 janvier 1901 ;

3º La Société dite « l'Avenir de Clichy », fondée le 23 avril 1883 et autorisée par arrêté préfectoral du 24 novembre suivant.

Cette dernière Société, qui est de beaucoup la moins importante, ne se compose guère que de familles.

Toutes trois ont pour but de donner les soins du médecin et les médicaments aux sociétaires malades, de leur payer une indemnité pendant le temps de leur maladie ou en cas d'accouchement, enfin de pourvoir aux funérailles des membres participants.

En outre, la première se préoccupe de constituer, au profit de ses membres, une caisse de pensions viagères de retraite, conformément au décret du 26 avril 1856 et à la loi du 1er avril 1898.

Toutes trois comprennent des membres honoraires et des membres participants.

Nous allons maintenant indiquer les principales dispositions spéciales à chacune d'elles, en les comparant au triple point de vue des conditions d'admission, des obligations des sociétaires envers la Société et de celles de la Société envers ses membres.

a. Conditions d'admission. — 1° La Société de secours mutuels de Clichy n'admet comme membres participants que des Français âgés de 21 ans au moins et de 40 ans au plus, habitant la commune. Chaque nouveau sociétaire doit être présenté par 2 membres de la Société, qui répondent de sa moralité, et avoir été reconnu valide et sans infirmité par le médecin. Une condamnation judidiaire ou une conduite notoirement scandaleuse sont considérées comme causes d'exclusion. Les admissions sont prononcées en assemblée générale, au scrutin et à la majorité des voix.

2° La Société des Ouvriers réunis comprend des membres des deux sexes, des veuves et orphelins de sociétaires, désirant y entrer après le décès de leur mari ou de leur père et mère. Les mineurs des deux sexes peuvent en faire partie sans l'intervention de leur représentant. Toutefois, les enfants, âgés de moins de 16 ans (pour les garçons) ou de 18 ans (pour les filles), ne sont admis qu'autant que l'un de leurs parents est membre participant.

3° La Société l'Avenir ne reçoit, comme membres participants, que des personnes domiciliées dans le département de la Seine depuis 3 mois au moins, âgées de 16 ans au moins et de 50 ans au plus (45 ans, d'après les nouveaux statuts qui doivent être prochainement soumis à l'approbation de l'assemblée générale). Les femmes mariées, dont le mari n'est pas sociétaire, ne peuvent être admises.

La présentation par 2 membres et l'admission par l'assemblée générale sont de rigueur dans ces 2 dernières Sociétés, comme dans la première.

b. Obligations des sociétaires. — 1° La Société de secours mutuels de Clichy règle comme suit les obligations de ses membres :

Les membres participants payent, en entrant, un droit d'admission de 25 francs. Il leur est accordé un délai d'une année pour en effectuer le versement. Ils payent, en outre, o fr. 5o pour le livret, o fr. 5o pour le règlement, 1 franc pour les insignes et 1 fr. 5o pour la visite préalable du médecin.

La cotisation des membres honoraires est fixée à 10 francs par an au minimum. Les membres participants, d'autre part, doivent verser une somme de 2 francs tous les premiers jeudis de chaque mois, sous peine d'encourir une amende de o fr. 25.

2º La Société des Ouvriers réunis impose les droits d'admission suivants :

Pour les sociétaires hommes :

De 16 à 21 ans.	8 francs
De 21 à 25 ans.	15 —
De 25 à 35 ans.	20 —
De 35 à 40 ans.	3o —

Pour les sociétaires femmes :

De 18 à 21 ans.	5 francs
De 21 à 3o ans.	8 —
De 3o à 40 ans.	12 —

Un délai de 6 mois est accordé pour le versement de ce droit.

Les cotisations des membres honoraires sont fixées, au minimum, à 12 francs par an.

Les membres participants, d'autre part, doivent verser, tous les deuxièmes samedis de chaque mois, une somme de 2 fr. 3o pour les hommes et de 1 fr. 5o pour les femmes. Il est prélevé o fr. 20 sur les cotisations des hommes, pour alimenter une caisse de solidarité. Enfin, les enfants des sociétaires peuvent faire partie de la Société, depuis leur naissance jusqu'à l'âge de 16 ans pour les garçons, et de 18 ans pour les filles, en versant une cotisation de o fr. 5o par mois. En cas de maladie, ils ont droit seulement au médecin et aux médicaments.

Une amende de o fr. 25 est infligée à chacun d'eux, après 3 mois de retard. Après 3 mois de retard, la Société le considère comme démissionnaire.

3º La Société l'Avenir, comme celle des Ouvriers réunis, accorde un délai de 3 mois pour effectuer le payement des droits d'affiliation. Ce dernier est réglé comme suit :

De 12 à 16 ans.	2,50
De 16 à 20 ans.	5 »

De 20 à 30 ans. . . . . 10 »
De 30 à 40 ans. . . . . 15 »
De 40 à 50 ans (45 d'après le nouveau pro-
   jet de statuts). . . . . 20 »

Enfin, la cotisation mensuelle est fixée pour les adultes hommes, de 16 à 50 ans, à 2 francs, et pour les femmes à 1 fr. 50 ; pour les enfants des deux sexes, de 12 à 16 ans, à 1 franc.

Chaque sociétaire subit une amende de 0 fr. 25 par mois de retard dans le payement de sa cotisation. Celui-ci doit être effectué le deuxième samedi de chaque mois, à la mairie de Clichy.

c. Obligations des Sociétés envers leurs membres. — 1° D'après les statuts de la Société de Clichy, ses obligations sont les suivantes : Un médecin doit être attaché à la Société, avec les émoluments de 2 francs par visite et de 1 fr. 50 par consultation. La Société prend à sa charge les médicaments qu'il prescrit et, d'une manière générale, les frais occasionnés par la maladie, à l'exception de ceux résultant des opérations de grande chirurgie. Les bandades herniaires restent à sa charge jusqu'à concurrence de 15 francs, et les bas-varices ou genouillères jusqu'à concurrence de 8 francs. En outre, tout sociétaire participant, domicilié à Clichy, doit recevoir, pendant la maladie, un secours de 2 francs par jour pendant 90 jours, et de 1 franc pendant les 90 jours suivants. Si, après ce délai, il n'est pas guéri, il peut lui être accordé, sur la proposition du bureau, des secours temporaires votés en assemblée générale.

En cas de rechute, s'il est constaté par le médecin que c'est la même maladie qui continue et qu'il ne se soit pas écoulé 20 jours depuis l'autorisation de reprise des travaux, la première feuille de maladie sera jointe à la nouvelle pour les 90 jours dus par le règlement. Les membres participants qui n'habitent plus Clichy doivent, dans les 5 jours, adresser, au président de la Société, un certificat indiquant la date et la nature de la maladie ou de la blessure dont ils sont atteints. Dans ce cas, les visites du médecin et les médicaments restent à leur charge, mais l'indemnité journalière leur est comptée à raison de 3 francs pendant 90 jours, et de 1 fr. 50 pendant les 90 jours qui suivent.

La Société se charge des obsèques des membres participants : le prix en est fixé uniformément à 100 francs, et tous les sociétaires sont tenus d'y assister. En outre, elle verse le jour du décès, à la veuve ou à ses enfants, s'ils sont orphelins et si le plus jeune est âgé de moins de 15 ans, une somme égale de 100 francs. Tout membre participant doit payer, à cet effet, une cotisation extraordinaire de 1 franc, dite du « denier de la veuve ».

Enfin, la Société a créé un fonds de retraite conformément au décret du 26 avril 1856 et à la loi du 1er avril 1898. Le taux de la pension est fixé sur la proposition du bureau en assemblée générale, eu égard aux ressources de la caisse. Il ne peut en aucun cas être supérieur à 300 francs ni inférieur à 30 francs. Toutefois aucune proposition ne peut être faite en faveur de sociétaires qui auraient moins de 55 ans d'âge et moins de 25 ans de sociétariat.

2° Les obligations de la Société des Ouvriers réunis envers ses membres sont réglées comme suit : à moins d'impossibilité absolue, les visites du médecin sont remboursées à raison de 1 fr. 50 chacune, à condition toutefois que ses notes, ainsi que celles du pharmacien, soient envoyées au secrétaire de la Société, légalisées par les autorités du lieu de la résidence, dans les 15 jours qui suivent la reprise des travaux. En cas de légitime urgence, les sociétaires peuvent faire appel aux soins d'un autre médecin ; mais c'est dans ce cas, seulement, que la visite leur en est remboursée intégralement.

Tout sociétaire, homme ou femme, en cas d'incapacité de travail constatée, pour cause de maladies [1] ou blessures, reçoit, à partir du 3e jour, un secours journalier de 2 francs pendant 90 jours, puis de 1 franc pendant les 275 jours qui suivent. Les sociétaires femmes reçoivent, dans les mêmes cas, un secours journalier de 1 franc pendant 90 jours et de 0 fr. 50 pendant les 90 jours suivants. En outre, après 10 mois de sociétariat, elles reçoivent pour secours extraordinaire, en cas d'accouchement, la somme de 20 francs et les soins de la sage-femme. Si, d'autre part, dans les 10 jours, il se déclarait une maladie résultant des couches, elles toucheraient l'indemnité journalière énoncée plus haut. La Société a formé une caisse de solidarité qui a pour but d'allouer à tous les sociétaires hommes, après 6 mois de maladie, un supplément d'indemnité mensuelle, dont la durée ne peut excéder 5 années. Dans aucun cas, cette mensualité ne peut être inférieure à 15 francs.

En cas de rechute avant 4 mois, les sociétaires n'ont droit qu'à

---

1. Il s'agit ici exclusivement des maladies ne résultant pas de l'intempérance ou de la mauvaise conduite.

la continuation des secours dont ils bénéficiaient pendant la première maladie. Comme dans la Société précédente, les opérations de grande chirurgie restent en dehors des soins médicaux et pharmaceutiques qui leur sont accordés. Toutefois le prix des bandages, bas-varices, etc., leur est remboursé jusqu'à concurrence de 15 francs.

La Société des Ouvriers réunis se charge des obsèques de ses membres, et, verse à cet effet au chef de famille, la somme de 84 francs exigible pour la 7e classe [1].

En outre, lors du décès d'un membre participant, chaque sociétaire verse, à titre de cotisation extraordinaire, une somme de 0 fr. 50, qui doit être affectée au payement du denier de la veuve, s'élevant à 100 francs. A défaut d'enfants ou de femme, ou encore si le membre décédé était célibataire ou orphelin, la Société encaisserait ladite somme de 100 francs.

Il n'existe pas de caisse de retraites proprement dite : toutefois il peut être accordé aux sociétaires qui en font la demande, après 25 ans de sociétariat et 60 ans d'âge, une allocation annuelle et renouvelable, d'ailleurs toujours facultative et subordonnée aux ressources de la Société. Le montant de cette allocation ne peut excéder 100 francs.

3° Enfin, les obligations de la Société l'Avenir envers ses membres résultent des dispositions suivantes : les soins médicaux et pharmaceutiques, en cas de maladie, leur sont assurés 3 mois après leur admission, et les secours pécuniaires, au bout de 6 mois.

L'indemnité journalière est fixée comme suit : pendant les 3 premiers mois, à 2 francs pour les hommes et à 1 fr. 50 pour les femmes; enfin, pour les deux sexes, à 1 franc par jour pendant les 6 mois suivants [2]. Les enfants de 12 à 16 ans n'ont droit qu'aux soins médicaux et pharmaceutiques.

Toute rechute dans l'intervalle de 2 mois est considérée comme la continuation d'une même maladie. Les malades admis dans les hôpitaux reçoivent la même allocation que ceux qui sont soignés à leur domicile.

---

1. 40 sociétaires doivent assister aux obsèques des hommes, et 30 dont 10 femmes à celles des femmes.

2. Le projet de nouveaux statuts réduit de 6 mois à 3 mois la durée à laquelle l'allocation reste due de droit.

En cas d'accouchement, une somme de 20 francs est attribuée aux sociétaires femmes ayant déjà 10 mois de sociétariat.

Au décès de l'un de ses membres, la Société se charge des frais d'inhumation. En outre, une somme de 50 francs est donnée à titre de secours :

1° A la veuve, quand elle-même est sociétaire ;

2° Au sociétaire veuf ayant des enfants et dont la femme était également inscrite parmi ses membres ;

3° Au tuteur des orphelins de père et de mère dont les parents auraient été sociétaires.

d. Situation financière.— La situation financière des 3 Sociétés résulte des chiffres suivants :

1° Société de Clichy, compte rendu des recettes et dépenses en 1902 :

DÉTAIL DES RECETTES

Cotisations	669 »	
Amendes	50,25	
Caisse de bienfaisance	32 »	
Convoi	2 »	853,50
Affiliation	35 »	
Statuts, décorums, etc	3,25	
Cotisations des membres honoraires	62 »	

DÉTAIL DES DÉPENSES

Honoraires au médecin	32,50
Pharmaciens	86,40
Frais de bains	9 »
Compléments de pensions	45 »
Annuaires et règlements	130 »
Copie du règlement	15 »
Gratification au concierge de la mairie	20 »
Indemnité au receveur et à son adjoint	36 »
Affranchissements divers	2,40
Indemnités diverses pour journées de maladie	215 »
Placement à la caisse de retraites	200 »

Au 1er janvier 1903, l'avoir de la Société s'élevait à 84.037 fr. 47. Elle comptait, d'autre part, 6 membres honoraires et 37 membres participants, dont 7 sont retraités.

2° Société des Ouvriers réunis, résumé des recettes et des dépenses en 1902 :

RECETTES ET DÉPENSES ORDINAIRES

Fonds social

Recettes, hommes, dames et enfants.	8.580,15
Dépenses — — —	8.405,55
Boni de l'année	174,60

RECETTES ET DÉPENSES EXTRAORDINAIRES

Caisse des vieillards

Recettes, cotisations des membres honoraires. — Intérêts, part de l'Etat sur premier versement .	1.479,81
Dépenses, allocations	320 »
Boni de l'année	1.159,81

Caisse de solidarité

Recettes, cotisations	415,20
Dépenses, réassurances	105 »
Boni de l'année	310,20
Recettes totales de l'année	10.475,16
Dépenses — —	8.830,55
Boni total de l'année . . .	1.644,61

COMPOSITION DE L'ACTIF

En dépôt à la Caisse des consignations :

31 1/4 obligations Ville de Paris 1898.	3.875 »	
6 — — 1892.	600 »	
Fonds disponibles.	4.624,35	10.107,49
En caisse	1.000,65	
Un livret de Caisse d'épargne	7,49	

Caisse des vieillards

En caisse		117,86	
En dépôt à la Caisse des consignations	Fonds aliénés . . .	850 »	2.217,86
	Part de l'État sur premier versement	350 »	
	Fonds disponibles .	900 »	

• Caisse de solidarité

En caisse	300 »	500 »
En dépôt à la Caisse des consignations.	200 »	
Avoir total de la Société au 31 décembre 1902. .		12.825,35
Actif de la Société au 31 décembre 1901		11.180,74
Différence en plus		1.644,61

Au 1er janvier 1903, le personnel de la Société comprenait : 28 membres honoraires et 370 membres participants, dont 228 hommes, 76 femmes, 61 enfants et 5 retraités.

La Société l'Avenir présente moins d'importance : son effectif, qui était, au début, de 84 membres, est descendu à 40 par suite de décès. Au 30 juin 1903, son actif s'élevait à 3.598 fr. 18.

Mutualité scolaire. — Les statuts de la Société de secours mutuels scolaire de Clichy ont été approuvés par arrêté du Ministre de l'intérieur, en date du 28 février 1898.

Aux termes de ces statuts, la Société se compose : 1° de membres participants des deux sexes, recevant ou ayant reçu l'instruction dans une des écoles publiques de Clichy; 2° de membres honoraires.

Les sociétaires ou leurs parents, s'ils sont mineurs, s'engagent à payer régulièrement leur cotisation fixée annuellement à 5 francs, Cette somme est exigible par dixième, dans le cours de chaque mois correspondant à la durée des classes. La moitié en est affectée à la constitution d'un livret personnel de retraite à capital réservé. Les cotisations supérieures à 5 francs sont acceptées, et le surplus est inscrit sur le livret personnel de retraite.

Le minimum de la cotisation des membres honoraires est de 5 francs par an. Un versement de 100 francs, effectué en une fois, donne droit au titre de membre honoraire perpétuel.

D'autre part, les obligations de la Société envers ses membres sont réglées comme suit :

Après un stage de 3 mois et l'admission définitive, une indemnité de 0 fr. 50 par jour, pendant le premier mois et de 0 fr. 25 pendant les 2 mois suivants, est due à tout sociétaire malade. Après le troisième mois, les secours restent à la disposition du Conseil d'administration. Une indisposition de moins de 4 jours ne donne pas droit à l'indemnité.

En cas de décès du sociétaire, il est livré à ses parents un bon d'une somme de 30 francs, dont le montant doit être entièrement employé en frais funéraires.

Les versements destinés à la constitution du livret individuel de retraite sont effectués par les soins du trésorier et au nom de la Société à la Caisse des retraites, avant la fin de chaque trimestre, et dès que la somme minimum de 2 francs est atteinte pour chaque sociétaire.

Au 31 décembre 1902, le nombre des sociétaires s'élevait à 586. Le montant du fonds social à la même date était de 8.286 fr. 58. Les recettes, en 1902, se sont élevées à 2.927 fr. 85, et les dépenses, pendant la même année, à 1.734 fr. 40 (y compris 961 francs inscrits sur les livrets de retraite).

Caisse des écoles. — Les statuts de la Caisse des écoles de Clichy ont été modifiés récemment en vertu d'une décision préfectorale en date du 10 octobre 1902.

Elle a pour but, comme toutes les institutions analogues, l'assistance et la récompense aux élèves des écoles communales, afin d'exciter leur zèle et leur émulation, et de favoriser ainsi le développement de l'instruction primaire.

La Société de la Caisse des écoles se compose de membres de droit, de membres souscripteurs et de membres donateurs. Les membres de droit sont les conseillers municipaux, les délégués cantonaux, les administrateurs du Bureau de bienfaisance, les directeurs et directrices des écoles communales.

Les membres souscripteurs sont ceux qui versent une cotisation minimum annuelle de 6 francs, et les membres donateurs, ceux qui versent une somme inférieure.

Les ressources de la Caisse se composent : des souscriptions, des subventions municipales et autres, des dons et legs, et, du produit des quêtes et fêtes de bienfaisance organisées chaque année. Les fonds sont reçus à la mairie. Des dons en nature tels que vêtements, aliments, peuvent en outre être acceptés.

La Société est administrée par un Comité composé de 21 membres, savoir : le maire, président de droit, 4 délégués du Conseil municipal, 1 délégué cantonal, 4 administrateurs du Bureau de bienfaisance et 11 membres élus en assemblée générale. Les délégués du Conseil municipal sont élus par le Conseil pour un an. Les membres élus par l'assemblée générale sont renouvelables en deux années. Les membres sortants, la première année, au nombre de six, sont désignés par voie de tirage au sort.

Les membres du Comité nomment le bureau qui se compose du maire, président de droit, du vice-président, du secrétaire général et du receveur municipal, trésorier.

Le secrétaire général a sous sa surveillance les employés. Il signe les convocations, et est chargé tout spécialement de l'exécution des mesures adoptées par l'assemblée générale ou par le Comité.

Pendant l'hiver 1902-1903, la Caisse des écoles a distribué aux enfants pauvres, indépendamment des portions gratuites délivrées par les cantines :

457 paires de chaussures représentant une somme de 1.541,50
252 habillements pour garçons   —   1.599,75
209 robes pour filles   —   1.265,81

Les gages du personnel et les frais de blanchissage lui ont occasionné, en outre, une dépense de 1.630 fr. 50. Enfin, pendant la même année scolaire, elle a distribué aux élèves des écoles communales un certain nombre de livrets de la Caisse des retraites pour la vieillesse, représentant une somme de 420 francs.

§ II.— ENSEIGNEMENT

Écoles de garçons.— Il existe, à Clichy, 4 écoles de garçons.

1° La première, située rue Dagobert, comprend 7 classes primaires élémentaires, qui ont été fréquentées, au cours de l'année scolaire 1901-1902, par 395 enfants, dont 380 âgés de 6 à 13 ans au 1er janvier, et 15 ayant plus de 13 ans.

Le nombre des élèves présents, le 2 décembre 1901, s'élevait à 345 et à 309 le 2 juin suivant.

Cette école est dirigée par 1 directeur déchargé de classe, assisté de 7 adjoints, dont 1 stagiaire.

29 élèves ont fréquenté une autre école au cours de l'année scolaire.

2° L'école de la rue Gobert comprend 8 classes primaires élémentaires et 1 cours complémentaire qui ont reçu, en 1901-1902, une population scolaire de 443 élèves, dont 415 âgés de 6 à 13 ans, et 28, de plus de 13 ans.

Le nombre des élèves présents le 2 décembre 1901 s'élevait à 386 et à 364, le 2 juin suivant.

Cette école est dirigée par 1 directeur déchargé de classe, assisté de 9 adjoints titulaires.

9 élèves seulement ont fréquenté une autre école au cours de l'année scolaire.

3° L'école de la rue d'Alsace comprend 11 classes primaires élémentaires, qui ont été fréquentées, en 1901-1902, par 640 élèves, dont 7 au-dessous de 6 ans, 622 de 6 à 13 ans, et 11 de plus de 13 ans.

Le nombre des élèves présents le 2 décembre 1901 s'élevait à 536 et à 494 le 2 juin suivant.

Cette école est dirigée par 1 directeur déchargé de classe, assisté de 11 adjoints, dont 1 stagiaire.

47 élèves ont fréquenté une autre école au cours de l'année scolaire.

4° L'école de la rue de Neuilly comprend 8 classes primaires élémentaires, qui ont été fréquentées, au cours de l'année scolaire 1901-1902, par 443 élèves, dont 435 de 6 à 13 ans et 8 au-dessous de 13 ans.

Le nombre des élèves présents le 2 décembre 1901 s'élevait à 344 et à 346 le 2 juin suivant.

Cette école est dirigée par 1 directeur déchargé de classe, assisté d'adjoints, tous titulaires.

69 élèves ont fréquenté une autre école au cours de l'année scolaire.

Écoles de filles.— Il existe 3 écoles de filles.

1° La première, située rue Dagobert, comprend 1 cours complémentaire et 11 classes primaires élémentaires, qui ont reçu, en 1901-1902, une population scolaire de 485 élèves, dont 2 au-dessous de 6 ans, 452 de 6 à 13, et 31 au-dessus de 13 ans.

Le nombre des élèves présentes, le 2 décembre 1902, s'élevait à 481 et à 445, le 2 juin suivant.

Cette école est dirigée par 1 directrice déchargée de classe, assistée de 12 adjointes titulaires.

50 élèves ont fréquenté une autre école au cours de l'année scolaire.

2° L'école de la rue d'Alsace comprend 10 classes primaires élémentaires, qui ont reçu, en 1901-1902, une population scolaire de 479 élèves, dont 472 de 6 à 13 ans et 7 au-dessus de 13 ans.

Le nombre des élèves présentes, le 2 décembre 1901, s'élevait à 454 et à 424, le 2 juin suivant.

Cette école est dirigée par 1 directrice déchargée de classe, assistée de 9 adjointes titulaires et de 1 stagiaire.

25 élèves ont fréquenté une autre école au cours de l'année scolaire.

3º L'école de la rue de Neuilly comprend 8 classes primaires élémentaires, qui ont été fréquentées, en 1901-1902, par 463 élèves, toutes âgées de 6 à 13 ans.

Le nombre des élèves présentes le 2 décembre 1901 s'élevait à 242 et à 346 le 2 juin suivant.

Cette école est dirigée par 1 directrice déchargée de classe, assistée de 8 adjointes, dont 2 stagiaires.

55 élèves ont fréquenté une autre école au cours de l'année scolaire.

Écoles maternelles.— L'école maternelle du groupe Pasteur, n'étant ouverte aux enfants que depuis le 1er octobre 1903, il n'existait, jusqu'à cette date, dans la commune, que 2 écoles maternelles publiques ; savoir : celles de la rue Dagobert et de la rue d'Alsace.

1º L'école de la rue Dagobert comprend 4 classes maternelles, qui ont été fréquentées, en 1901-1902, par 497 enfants (262 garçons et 198 filles au-dessous de 6 ans ; 20 garçons et 17 filles de plus de 6 ans au 1er janvier).

Cette école est dirigée par 1 directrice, assistée de 3 adjointes titulaires.

2º L'école de la rue d'Alsace comprend 2 classes enfantines et 3 classes maternelles, qui ont reçu, en 1901-1902, une population scolaire de 478 enfants (137 garçons et 171 filles de moins de 6 ans ; 93 garçons et 77 filles de plus de 6 ans).

Cette école est dirigée par 1 directrice, assistée de 4 adjointes, dont 1 stagiaire.

3º L'école du groupe Pasteur comprend 2 classes enfantines et 3 classes maternelles.

Enseignements spéciaux.— La commune n'a organisé ni cours de dessin, ni cours de chant. Il n'existe pas non plus de cours spécial de coupe et d'assemblage dans les écoles de filles.

Par contre, la municipalité met le gymnase communal à la disposition d'un professeur diplômé de gymnastique, auquel elle alloue, en outre, une indemnité annuelle de 400 francs.

Elle rétribue également 2 professeurs de langues vivantes (allemand et anglais), à l'usage des 2 cours complémentaires. Chacun d'eux reçoit annuellement 300 francs.

Admissions dans les écoles primaires supérieures de la Ville de Paris.— La commune a fait recevoir, en 1902, 6 élèves dans les écoles primaires supérieures de la Ville de Paris, savoir :

2 à Diderot, 2 à Boulle, 1 à Ganneron, 1 à Dorian.

Pendant l'année 1902-1903, 10 élèves de 2e et 3e année ont continué leurs études dans les mêmes écoles.

Dons et legs faits aux écoles. — Par délibération du 12 février 1881, le Conseil municipal a accepté le legs de M. Gaillard, s'élevant à 5.000 francs et fait à la commune à charge d'en affecter le montant à l'achat de livrets de Caisse d'épargne pour les enfants des écoles. La rente annuelle provenant de ce legs s'élève à 175 francs. Le legs Laverdet, fait à la commune dans le même but, produit une rente annuelle de 65 francs. Il a été consenti à charge d'entretien à perpétuité de la sépulture de la famille Laverdet.

Nous mentionnerons, en outre, pour mémoire, dans le legs Gesnouin, dont les dispositions ont été rapportées plus haut, l'attribution à la Caisse des écoles d'un capital de 4.000 francs, destiné à constituer des livrets de Caisse d'épargne de 10 francs chacun, au profit des jeunes filles les plus méritantes des écoles laïques.

Classes de garde.— Depuis le 1er novembre 1895, des classes de garde ont été établies dans chacune des écoles de garçons et de filles de la commune. Ces classes, actuellement au nombre de 7, sont fréquentées environ par le dixième des élèves. Elles durent de 4 à 6 heures du soir. Les instituteurs et institutrices, qui en sont chargés, reçoivent chacun une indemnité annuelle de 40 francs.

Classes de vacances.— Des classes de vacances sont établies dans chacune des écoles de garçons et de filles. Elles sont au nombre de 15 et durent du 20 août au 15 septembre.

La dépense totale qu'elles occasionnent annuellement s'élève à 1.500 francs (20 jours de classe à 5 francs).

En 1903, 893 élèves se sont fait inscrire pour ces classes, qui sont fréquentées, par suite, par le 1/5 environ de la population scolaire totale.

Cantines scolaires.— La commune a fait établir, pour l'usage exclusif des écoles, 3 fourneaux aux endroits suivants : l'un à la mairie, l'autre au groupe Victor-Hugo et le troisième au groupe Pasteur.

A l'heure du déjeuner, les enfants sont conduits, sous la surveillance d'un maître, à leurs cantines respectives, ceux du Centre vont à la mairie, et ceux de la rue Gobert, au groupe Victor-Hugo.

Les cantines scolaires fonctionnent, dans ces conditions, du mois de novembre à Pâques. Pendant l'hiver 1902-1903, c'est-à-dire du 3 novembre 1902 au 8 avril 1903, elles ont distribué :

47.697 déjeuners gratuits et 18.604 déjeuners payants, à o fr. 20 chacun, soit un total de 66.301 déjeuners représentant une dépense de 12.156 fr. 14, répartie comme suit :

14.465 kilogr. de pain	4.640,09
5.932 kilogr. de bœuf	4.626,96
Denrées alimentaires	2.889,09
Total	12.156,14

Bibliothèques scolaires. — Il existe une bibliothèque scolaire dans chaque école de garçons et de filles.

Au groupe du Centre (rue Dagobert), la bibliothèque de l'école de garçons possède 246 volumes et celle de l'école de filles, 297. La première a consenti, en 1902, 830 prêts à 54 lecteurs et la seconde, 698 prêts à 100 lectrices.

A l'école de garçons de la rue Gobert, la bibliothèque comprend 239 volumes et a consenti, pendant la même année, 278 prêts à 45 lecteurs.

Au groupe Victor-Hugo, la bibliothèque de l'école de garçons possède 185 volumes et celle de l'école de filles, 135. La première a consenti, en 1902, 210 prêts à 42 lecteurs et la seconde 279 prêts à 80 lectrices.

Enfin, au groupe Pasteur, les bibliothèques des écoles de garçons et de filles comprennent respectivement 41 et 47 volumes. La première a effectué 743 prêts en 1902, et la seconde 887. Le nombre des lecteurs et lectrices s'est élevé dans les écoles à 70.

Bibliothèque pédagogique. — Chacune des écoles de garçons et de filles des groupes du Centre et Victor-Hugo, ainsi que l'école de garçons de la rue Gobert, possède une bibliothèque pédagogique distincte, à l'usage de tous les instituteurs et de toutes les institutrices de la commune.

Celles du groupe du Centre ont été fondées en 1882 (84 volumes à l'école de garçons et 34 à l'école de filles); celles du groupe

Victor-Hugo, en 1885 (48 volumes et. 55) ; enfin celle de l'école de garçons de la rue Gobert, en 1892 (257 volumes).

La subvention annuelle départementale pour cette dernière bibliothèque est de 150 francs. D'autre part, la subvention accordée aux autres, depuis la fondation, a varié, suivant les années, entre 30 francs et 100 francs.

M. Daix, inspecteur de l'enseignement primaire, après avoir pris la décision d'attribuer à la bibliothèque pédagogique de la rue Gobert les subventions départementales, avait décidé que les diverses écoles garderaient les ouvrages acquis, mais qu'il en serait dressé un catalogue unique. Le départ de M. Daix a causé l'ajournement de cette mesure.

Bibliothèque populaire. — La bibliothèque populaire, établie rue Dagobert, nº 2, est ouverte tous les soirs, sauf les dimanches et jours fériés, de 7 heures à 10 heures, du 1er octobre au 30 avril, et de 8 heures à 10 heures, du 1er mai au 31 août [1]. Elle consent également des prêts gratuits. Toutefois, le livret de lecteur n'est délivré que sur l'autorisation d'un membre du Conseil d'administration.

Ces prêts eux-mêmes sont subordonnés à diverses conditions : chaque lecteur ne peut emporter plus d'un livre à la fois, ni garder un volume plus de 15 jours.

Un catalogue imprimé est mis à la disposition du public ; il comprend, sur papier rose, l'indication des ouvrages destinés à être lus sur place, et, sur papier blanc, celle des livres pouvant être prêtés à domicile.

Le personnel se compose actuellement d'un bibliothécaire, aux appointements de 720 francs par an, et d'un garçon de bureau, chargé du nettoyage et du récolement des volumes, moyennant une indemnité annuelle de 60 francs.

Les lecteurs, composés surtout d'ouvriers et d'employés, sont au nombre de 600 environ. La moyenne des prêts à domicile est, par soirée, de 95 en hiver (maximum 120 et minimum 75), et de 75 en été (maximum 100 et minimum 60). Le nombre des lecteurs sur place est, d'autre part, de 10 au maximum et de 2 au minimum.

Depuis 1901, la bibliothèque populaire de Clichy reçoit les subventions annuelles suivantes :

[1]. Les jeunes gens ne sont reçus à la bibliothèque que lorsqu'ils ont atteint leur quinzième année.

Département . . . . 55o francs
Commune . . . . 1.35o —
                        Total. . . . . . 1.9oo francs

D'autre part, la dernière situation financière porte pour l'année 1902, indépendamment des dépenses nécessitées par les traitements du bibliothécaire et du garçon de bureau, rapportées plus haut, une somme de 3o francs attribuée à titre d'indemnité au bibliothécaire suppléant, 110 fr. 70, comme frais d'abonnement à diverses publications périodiques et 1 fr. 70 de frais divers.

Voici enfin la statistique des prêts effectués en 1902 par catégorie d'ouvrages, tant à domicile que sur place :

Prêts	Sciences	Histoire	Géographie	Agriculture Industrie Commerce	Littéra-ture	Romans	Biblio-thèque enfan-tine	Total
A domicile.	1.988	1.379	2.348	170	1.556	16.314	932	24.687
Sur place.	621	173	402	»	188	155	»	1.539
Total.	2.609	1.552	2.750	170	1.744	16.469	932	26.226

Colonies scolaires.— Depuis 1891, un certain nombre d'enfants des deux sexes, appartenant aux écoles communales de Clichy, sont envoyés tous les ans, sous le patronage de l'Œuvre de la Chaussée du Maine, chez des fermiers du Loiret (aux Bézards, dénommés encore les Choux-Boismorand). En 1903, 64 garçons et 41 filles ont été désignés pour faire partie de la colonie scolaire.

La dépense revient en moyenne à 42 fr. 5o par enfant (frais de séjour et voyage compris).

En outre, depuis un an, la Ligue fraternelle des Enfants de France admet à la colonie de Mâlo-les-Bains un certain nombre d'enfants des écoles publiques de Clichy. En 1903, 13 enfants, dont 2 garçons, ont été désignés pour cette colonie. Les frais de séjour reviennent, pour chaque enfant, à la somme de 25 francs qui est payée par la Caisse des écoles. Le séjour dans les deux colonies dure un mois.

Les conditions suivantes sont requises :

Le jour du départ, les enfants doivent être munis d'un déjeuner pour la route, placé dans un panier. L'entrée des quais intérieurs de la gare est interdite aux parents, à l'aller comme au retour. L'Œuvre n'est pas responsable des accidents survenant aux enfants par suite de leur imprudence ou de leur désobéissance, soit pendant le voyage, soit pendant les vacances.

Chaque enfant doit avoir les cheveux aussi courts que possible (les garçons doivent les faire couper à la tondeuse).

Les bagages pour chacun d'eux doivent se composer des effets suivants : 3 chemises, le linge nécessaire; un costume de rechange, 2 paires de fortes chaussures, quelques vêtements chauds ; le tout renfermé dans un sac de toile portant le nom de l'enfant : les caisses ou valises ne sont pas reçues.

La nourriture des enfants se compose, aux deux principaux repas, ainsi qu'au petit déjeuner et au goûter, de pain, soupe, lait, légumes, œufs, fromages, fruits et enfin de viande, quatre fois par semaine [1].

Un crédit de 4.500 francs a été inscrit au budget de 1903 pour les colonies scolaires.

L'augmentation du poids, en 1903, a été en moyenne de 1 k. 800 pour les filles et de 1 k. 400 pour les garçons. Le périmètre thoracique s'est accru en moyenne de 1 c. 08 pour les filles et de 1 c. 07 pour les garçons. Enfin l'accroissement de la taille a été en moyenne générale de 4 millimètres.

Si l'on tient compte de l'état maladif de ces enfants au départ et de leur débilité extrême, on ne peut évidemment que se féliciter de ces résultats.

Depuis la fondation des colonies scolaires à Clichy, c'est-à-dire depuis 1891, le nombre des enfants qui ont bénéficié de l'Œuvre s'est élevé à 884.

Association philotechnique. — L'Association philotechnique, autorisée par arrêté du Préfet de police en date du 11 novembre 1875, a institué à Clichy, pendant l'hiver, des cours d'adultes dans chacune des écoles de filles et de garçons des groupes de la rue Dagobert, Victor-Hugo et Pasteur. Ces groupes se divi-

---

1. Les demandes de renseignements, ainsi que les plaintes et réclamations, doivent être adressées à Mlle Delassaux, trésorière, n° 2, cité Gaillard à Paris, ou à Mlle d'Eichthal, aux Bézards, par Nogent-sur-Vernisson (Loiret).

sent chacun en cours élémentaires et en cours spéciaux, portant sur les langues étrangères, la comptabilité commerciale, la sténographie, la coupe et l'assemblage, la dactylographie, le dessin et la broderie d'art, etc. Pendant la dernière année scolaire, ces cours ont été professés du 27 octobre 1902 au 31 mars 1903. Les inscriptions se sont élevées pendant cette période à 374 pour les cours élémentaires et à 771 pour les cours spéciaux, soit un total de 1.145.

§ II. — VOIRIE

La longueur des voies de communication qui sillonnent le territoire de la commune est de :

Routes nationales.	»	
Routes départementales.	4.174	»
Chemins de grande communication	6.876	»
Chemins vicinaux ordinaires.	3,462	»
Chemins ruraux . . . . ·	»	
Voirie urbaine	14.123	»

Routes nationales. — La commune n'est traversée par aucune route nationale.

Routes départementales.— 1° La route départementale *n° 8, de Paris à Argenteuil*, ne traverse la commune que sur une longueur de 120 mètres. La chaussée, qui est pavée, présente une largeur de de 8 mètres. Les trottoirs sont larges, chacun, de 3 m. 50.

Dans la traversée de Clichy, la route n° 8 prend le nom de route d'Asnières.

2° La route départementale *n° 9, de Paris (porte de Clichy) à Épinay*, prend sur le territoire de la commune le nom de boulevard National. Elle traverse en outre, dans le département de la Seine, les communes d'Asnières, Gennevilliers et Épinay.

Des fortifications de Paris à la sortie de Clichy, elle présente une longueur totale de 2.068 mètres, sur laquelle elle se trouve entièrement pavée. Sur tout ce parcours, elle ne forme qu'une seule section, d'une largeur totale de 20 mètres, dont 12 mètres pour la chaussée (10 mètres sur les ponts de Clichy) et 4 mètres pour chaque trottoir.

Cette route est plantée d'arbres sur une grande partie de son parcours. Elle est sillonnée par le tramway à double voie de Madeleine-Gennevilliers, dont les rails sont établis au milieu de la chaussée. Enfin, c'est sous le boulevard National que la Ville de Paris a fait construire le collecteur amenant les eaux usées à l'usine municipale parisienne de Clichy, en bordure du quai de Seine.

3° La route départementale *n° 10, de Paris (porte Pouchet) à Clichy*, traverse la commune sur une longueur de 1.888 mètres, et prend, sur ce parcours, le nom de boulevard de Lorraine [1].

Comme la précédente, elle ne forme qu'une seule section. Sa largeur totale est de 20 mètres, dont 10 pour la chaussée et 5 pour chacun des trottoirs. Cette route n'est parcourue par aucun tramway ; elle est plantée d'arbres, entre la rue du Landy et les fortifications de Paris. Sa construction, toute récente, s'est effectuée par tronçons.

Chemins de grande communication.— 1° Le chemin de grande communication *n° 1, de Paris (porte Billancourt) à Saint-Denis*, traverse, dans le département de la Seine, les communes de Boulogne, Neuilly-sur-Seine, Levallois-Perret, Clichy, Saint-Ouen et Saint-Denis. Il forme quai sur la rive droite de la Seine. Sa longueur dans la traversée de Clichy est de 2.170 mètres. Il porte dans ce parcours le nom de quai de Clichy. Sa largeur totale est de 16 mètres, dont 3 pour chaque trottoir et 10 pour la chaussée. Il n'est parcouru par aucune ligne de tramways. Il est planté de peupliers dans toute la traversée de Clichy.

2° Le chemin *n° 16, de Neuilly à Saint-Ouen*, traverse, dans le département de la Seine, les communes de Neuilly, Levallois-Perret et Clichy et aboutit à la mairie de Saint-Ouen. Il présente dans la traversée de Clichy une longueur totale de 1.827 mètres et prend le nom de boulevard Victor-Hugo (ancienne route de la Révolte). Il comporte, indépendamment de la chaussée, un accotement spécial, large de 2 m. 80, pour les tramways à voie unique de Neuilly-Saint-Denis et Saint-Ouen-Champ-de-Mars. La chaussée a 10 m. 50 de largeur, le trottoir contigu à l'accotement, 6 m. 95, et l'autre trottoir, 7 m. 25. Dans son ensemble, il présente donc une largeur de 27 m. 50.

3° Le chemin de grande communication *n° 17, de Neuilly à Clichy*, traverse, dans le département de la Seine, les communes de

---

1. La partie voisine de la Seine a remplacé l'ancienne rue de Metz.

Neuilly, Levallois-Perret et Clichy. Sa longueur sur le territoire de Clichy est de 2.879 mètres. A la limite de Levallois, il prend le nom de rue du Bois, jusqu'au boulevard de Lorraine ; ensuite il se subdivise en deux tronçons, l'un dit rue Madame-de-Sanzillon, qui va rejoindre le boulevard Victor-Hugo, l'autre dit rue du Général-Roguet qui va aboutir au quai de Seine. Il n'a reçu aucune plantation et n'est parcouru, comme le précédent, par aucune ligne de tramways. Voici, pour chacune de ces trois sections, les longueurs et largeurs respectives de la chaussée et des trottoirs:

1re section (rue du Bois) : longueur, 232 mètres ; largeur totale, 14 mètres ; largeur de la chaussée, 8 m. 40 ; largeur de chaque trottoir, 2 m. 80.

2e section (rue Madame-de-Sanzillon) : longueur, 580 mètres ; largeur totale, 14 mètres ; largeur de la chaussée, 8 mètres ; largeur de chaque trottoir, 3 mètres.

3e section (rue du Général-Roguet) : longueur, 1.067 mètres ; largeur totale actuelle, 14 mètres (prévue, 20 mètres) ; largeur de la chaussée, 8 mètres ; largeur de chaque trottoir, 3 mètres.

Chemins vicinaux ordinaires. — Le tableau suivant donne la situation du réseau vicinal de Clichy :

NUMÉROS	DÉSIGNATION	LONGUEUR	ORIGINE	FIN	LARGEUR moyenne		CHAUSSÉE		OBSERVATIO
					TOTALE	chaussée	NATURE	ÉTAT	
		m.			m.	m.			
1	CHEMIN DU LANDY (rues de Neuilly, Villeneuve et du Landy)..........	2.008	Pont du ch. de fer de l'Ouest. Limite de Le-vallois-Perret.	Limite de Saint-Ouen.	12 et 10	6 »	Pavage.	Bon	12 m. de larg rues de Neu et Villeneu 10 mètres du Landy.
2	RUE MARTRE.......	1.454	Boulev. Victor-Hugo (chemin de gr. comm. n° 16).	Quai de Clichy (chemin de gr. comm. n° 1.)	9 et 12	5 et 7	Id.	Bon	9 m. de larg entre le bo Victor-H et la rue Landy ; 12 pour le s plus.
	TOTAL......	3.462							

Entretien. — Les dépenses relatives à l'entretien de ces chemins se sont élevées, en 1901, à 13.846 fr. 30. Le département a alloué une subvention de 1.500 francs, à titre de participation dans les salaires payés aux cantonniers.

Pendant la même année, le service des ponts et chaussées n'a effectué, sur ces chemins, aucun travail neuf. Les projets suivants sont actuellement en préparation :

Prolongement et classement de la rue Morel dans la petite vicinalité ;

Construction d'un égout rue du Landy (chemin vicinal ordinaire n° 1), entre le chemin de grande communication n° 1 et le nouvel hospice communal : 17.500 francs ;

Construction d'un égout rue Martre, entre la rue du Landy et le quai de Clichy (chemin de grande communication n° 1) : 40.000 francs. L'exécution de cet égout se poursuit actuellement.

Chemins ruraux. — Néant.

Voirie urbaine. — Les rues de la commune sont au nombre de 53 ; leur longueur totale est de 14.123 mètres. Il existe, en outre, 41 voies particulières non classées.

Travaux faits dans l'année et dépenses correspondantes.

	1° Percement d'une voie reliant la place des Fêtes au parc Denain. .	596.000 fr. »
	2° Modification des passages du boulevard Victor-Hugo (rues Fanny et Simoneau).	467.000 fr. »
	3° Prolongement de la rue Auboin . .	70.000 fr. »
	4° Agrandissement du parc Denain. .	320.000 fr. »
Projets en préparation (dépense à imputer sur l'emprunt communal projeté).	5° Prolongement de la rue Dagobert.	86.000 fr. »
	6° Élargissement et mise en état de viabilité du chemin des Bœufs. . .	120.000 fr. »
	7° Élargissement et classement dans la voirie urbaine du passage Petit.	116.000 fr. »
	8° Viabilité et assainissement dans les rues Vassou, Trouillet, Curton, Fouquet, Kloch, de Paris et des Cailloux ; modification des puisards des égouts des passages aboutissant au boulevard Victor-Hugo.	98.000 fr. »
	9° Supression du bâtiment de la rotonde du réservoir.	70.000 fr. »

Prestations. — Les ressources ordinaires de la commune, appliquées à l'entretien des chemins vicinaux, étant suffisantes, l'impôt des prestations n'est pas appliqué à Clichy.

Entretien des rues et des chemins vicinaux. — L'entretien des rues est assuré par deux entrepreneurs distincts, l'un spécialement

chargé du pavage, et l'autre des trottoirs en bitume ou de l'asphalte.
L'entretien du pavage a été adjugé pour 3 ans, du 1er janvier 1902
jusqu'au 31 décembre 1904, sur bordereau de prix, avec rabais de
48,40 %. (Par suite de la mort du premier entrepreneur, la commune a dû procéder à une réadjudication, le 25 septembre 1902,
valable jusqu'à même époque, avec un rabais de 41,30 %.) L'entretien du bitume et de l'asphalte, d'autre part, a été adjugé pour
4 ans et demi, du 1er juillet 1899 à la fin de décembre 1903 (adjudication du 1er juillet). Un rabais de 26 % a été consenti sur le
bordereau de prix annexé au cahier des charges.

L'entretien des chemins vicinaux a été adjugé à un entrepreneur
distinct, le 19 février 1903, pour 5 ans et sur bordereau de prix.

Cette adjudication doit expirer le 31 décembre 1907.

Balayage et enlèvement des boues. — Le service du balayage
est assuré tous les jours de 6 heures du matin à 6 heures du soir,
par 35 femmes nommées, à cet effet, par le maire. La commune
possède, en outre, 5 balayeuses mécaniques et 7 tonneaux d'arrosage. Les chevaux et les hommes chargés de les conduire sont seulement fournis par un entrepreneur, conformément aux conditions
d'une adjudication valable du 13 août 1903 au 31 juillet 1906, et
consentie moyennant un rabais de 21,10 % sur le bordereau de
prix du cahier des charges. L'unité de travail est la demi-journée.

L'ensemble des traitements alloués aux femmes chargées du
balayage s'est élevé, en 1902, à 20.889 fr. 40.

Le traité, anciennement en vigueur pour l'enlèvement des
boues, est actuellement périmé. Un nouveau projet d'adjudication
est à l'étude. Il prévoit la conduite, à l'usine de broyage de Saint-
Ouen, des ordures ménagères recueillies sur le territoire de
Clichy.

D'après le cahier des charges soumis, en ce moment, à l'approbation préfectorale, les prix des journées de location, d'attelages
et des voitures sont fixés comme suit :

Voiture guimbarde à 1 cheval, compris conducteur.	12 fr.	»
Voiture guimbarde à 2 chevaux, compris conducteur.	18 fr.	»
Cheval harnaché et son conducteur. .	11 fr.	»
Cheval harnaché sans conducteur. .	6 fr.	»

La demi-journée doit être payée la moitié des prix ci-dessus désignés, et chaque heure en plus, un dixième.

Droits de voirie. — La commune perçoit des droits de voirie d'après un tarif reproduit ci-après aux Annexes, et approuvé par arrêté préfectoral en date du 12 avril 1884.

La perception de ces droits a produit, en 1902, 5.151 fr. 65, sur lesquels 41 fr. 10 restent à recouvrer.

Droits d'étalage et de stationnement. — La commune perçoit, sur les marchandes des quatre-saisons, des droits de stationnement, conformément à une délibération du Conseil municipal en date du 8 octobre 1881, approuvée le 25 avril 1882.

Ces droits sont fixés comme suit :

Par jour, o fr. 10 pour la vente au panier ou à la brouette ; o fr. 15 pour une voiture à bras ; o fr. 30 pour une voiture avec 1 cheval.

Abonnements par an :

10 francs pour la vente au panier ou à la brouette ; 20 francs pour une voiture à bras ; 40 francs pour une voiture attelée.

La perception de ces droits a produit, en 1902, 1.207 fr. 60.

Il existe, en outre, des droits spéciaux de stationnement sur la Seine.

Ces droits, établis en vertu de la loi du 18 juillet 1837, par la délibération du Conseil municipal, en date du 5 janvier 1842, ont été approuvés par décision du Ministère de l'intérieur en date du 19 avril suivant.

Ils sont réglés comme suit :

Chaque bateau paye, pour tout le temps accordé au chargement et au déchargement par les règlements et ordonnances de police en vigueur, un droit de 3 centimes par mètre carré, et les trains, 1 centime et demi. Les bateaux vides qui viennent stationner plus de 24 heures, dans les limites sujettes à la perception, payent un tiers du droit (1 centime par mètre). Les conducteurs de ces bateaux doivent, pour jouir de l'exemption du droit, faire constater l'instant de leur arrivée par le préposé. Les bateaux de déchirage, quels qu'ils soient, payent le même droit de 1 centime par mètre carré.

Le marinier ou propriétaire de bateaux, qui, après avoir déclaré ou acquitté le droit, change de destination, est remboursé du montant de son payement, sauf la retenue d'un droit fixe s'élevant à 1 franc pour toues et barquettes, à 2 francs pour bateaux de grande

dimension, à o fr. 25 pour un coupon de sciage ou à brûler, à
1 fr. 25 pour une part, à 2 fr. 5o pour un train, ou à 1 fr. 25 pour
4 coupons ou plus réunis.

La perception des droits de stationnement sur la Seine a produit, en 1902, une recette de 5.460 fr. 87.

Seine. — La Seine ayant déjà fait l'objet d'une étude détaillée
dans la monographie de Choisy-le-Roi, nous nous contenterons,
en ce qui concerne les renseignements généraux, de renvoyer à
cette plaquette (p. 88).

Les renseignements qui suivent sont exclusivement relatifs au
port de Clichy :

Ce port, établi en aval du pont d'Asnières, sur la rive droite
de la Seine, a été construit de 1858 à 1860, en vertu d'une décision ministérielle en date du 1er septembre 1857. Les travaux
se sont élevés à 49.329 fr. 83 ; ils comprenaient un port de
334 mètres de longueur avec 2 terre-pleins, le premier, situé à
l'amont, de 227 m. 25 de longueur sur 3o mètres de largeur, et le
second, de 106 m. 75 de longueur sur 27 mètres de largeur, défendus,
du côté de la rivière, par un perré en maçonnerie de moellons
calcaire, avec mortier de sable et de chaux hydraulique, fondé, à
l'étiage, à l'altitude 23,25 et dont la crête était arasée à la
cote 25,80.

Actuellement, à la suite de différents travaux d'amélioration
exécutés en vertu de décisions ministérielles des 9 novembre 1878,
10 mai 1897 et 16 juin 1900, le port de Clichy a été remanié. Il
présente, aujourd'hui, un terre-plein long de 757 mètres, dont la
la largeur a été réduite de 13 m. 6o à 6 m. 6o, par suite de l'établissement, le long de la Seine, du chemin de grande communication n° 1. Il est soutenu par un perré construit en maçonnerie
de meulière et mortier de chaux hydraulique, fondé à l'altitude
23,80, niveau du remous de la retenue de Bezons, et dont la crête
se trouve à la cote 25,80. Ce terre-plein, pavé sur 6 mètres de
largeur en arrière de la crête du port, est mis en communication
avec le chemin de grande communication n° 1, au moyen de
3 rampes pavées. 2 de ces rampes sont à double volée, et l'autre est
simple.

La dépense totale, approuvée par les décisions ministérielles
ci-dessus visées, s'est élevée à 72.000 francs.

Le collecteur de Clichy, construit en 1860, avait son débouché à 90 mètres en aval du pont d'Asnières, et le déversement des eaux d'égout, s'élevant à 500.000 mètres cubes par jour, laissait, en Seine, un dépôt journalier de 400 mètres cubes de sables et vases. Malgré les dragages presque continuels, ce dépôt avait pour effet d'empêcher l'approche des bateaux au port de Clichy.

Depuis le 8 juillet 1899, jour de la fermeture du débouché de l'égout collecteur et après un dragage dont l'effet fut de rétablir le tirant d'eau normal, le port de Clichy est occupé, sans discontinuer, par les bateaux mis en chargement ou en déchargement, sur ses 757 mètres de longueur.

D'autre part, la statistique du mouvement des marchandises dans le port de Clichy, pendant l'année 1902, résulte du tableau suivant :

CHARGEMENTS

Combustibles minéraux :		
Houille, anthracite, coke, lignite, tourbe . .	22,404	tonnes
Matériaux de construction minéraux :		
Cailloux et graviers, macadam, sable, ballast, gronines, pierres cassées, scories, gravois, déblais, produits de dragage	30.725	—
Fumiers, engrais organiques et chimiques, cendres et amendements	62.656	—
Produits industriels (savons, graisses, meubles et quincaillerie, chiffons, glucose, poterie, etc.)	1.896	—

DÉCHARGEMENTS

Combustibles minéraux (houille, anthracite).	181.703	tonnes
Matériaux de construction minéraux :		
1° Plâtre, chaux, ciment et asphalte, tuiles et briques, pierre à plâtre, pierre à chaux, terre réfractaire, brai, bitume.	5.756	—
2° Moellons, pierres de taille, ardoises, marbres, granits, meulières, meules, pavés.	2.038	—
3° Cailloux, graviers, macadam, sable, ballast, gronines, pierres cassées, scories, gravois, déblais, produits de dragage. . .	4.494	—
4° Matières premières de l'industrie céramique	203	—
Bois de chauffage et fagots	2.736	—
Vin, vinaigre, cidre, spiritueux, boissons non dénommées	337	—

Ponts.— 1° Le pont d'Asnières, situé sur la route départementale n° 8, de Paris à Argenteuil, a été concédé à un particulier par ordonnance royale du 22 octobre 1824. Il a été commencé en 1825 et livré à la circulation le 15 novembre 1826. Il se composait alors de 7 travées en charpente sur piles et culées en maçonnerie, ayant chacune 23 mètres d'ouverture.

En 1860, des arcs en fonte furent substitués aux fermes en charpente de la quatrième arche. Entièrement détruit en 1870, il a été reconstruit par la Compagnie concessionnaire sur un forfait de 236.000 francs.

Le nouveau pont reproduit exactement, sauf quelques modifications de détail, les dispositions de l'ancien, avec cette seule différence que les arcs et les entretoises en bois y ont été remplacés par des arcs et entretoises en fonte. La largeur des trottoirs a été portée de 0 m. 80 à 1 m. 30. La dépense a été supportée entièrement par l'État. Le rachat du péage a été décidé par délibération du Conseil général du 29 novembre 1880. Il a coûté 510.000 francs.

2° Le pont de Clichy, situé sur la route départementale n° 9, de Paris à Épinay, a été construit, une première fois, en vertu d'un décret d'utilité publique en date du 13 mars 1867, sur les bases suivantes :

Établi à un endroit où la Seine se divise en 3 bras, il ne devait comporter que 3 arches, chaque arche mesurant 60 mètres d'ouverture et couvrant un bras. Le tablier de chaque partie du pont, supporté par un arc dont les naissances étaient fixées à 5 mètres au-dessus de l'étiage, devait mesurer 14 mètres de largeur entre les garde-corps ; l'axe de la chaussée devait être horizontal d'une extrémité à l'autre, et sa hauteur maxima, de 11 m. 85 au-dessus de l'étiage. Sa largeur devait être de 10 mètres entre bordures et celle de chaque trottoir, de 2 mètres.

En avant de chaque culée, le décret prévoyait une banquette de halage, arasée à 4 mètres au-dessus de l'étiage et soutenue par un perré incliné à 45 degrés, construit en maçonnerie de meulière et mortier hydraulique.

Chaque banquette devait mesurer 4 mètres de largeur, en avant du parement des culées, sauf sur la rive droite du bras, côté de Clichy, où, en raison du halage, cette largeur devait être portée à 6 mètres.

Le pont de Clichy fut construit sur ce plan, de 1867 à 1870, et détruit en 1870 pour les nécessités de la défense, peu de temps après son achèvement ; on l'a reconstruit après la guerre sur un plan identique au précédent.

La seule modification apportée à ce plan est relative à la chaussée, disposée actuellement sur des plaques cintrées en fonte et des poutrelles en fer. Cette modification, en diminuant le poids du tablier, a facilité l'agencement et la pose, sous chaque trottoir, d'un gros tuyau en fonte de 1 m. 13 de diamètre, pour conduire, dans la presqu'île de Gennevilliers, les eaux de l'égout collecteur d'Asnières. La Ville de Paris en a supporté la dépense qui s'est élevée à 90.591 francs. Le pont a été reconstruit aux frais de l'État.

Indépendamment du pont de Clichy, il existe, sur le parcours de la ligne du chemin de fer, divers ouvrages d'art construits par la Compagnie de l'Ouest. Cette ligne marquant, dans tout ce parcours, la limite des deux communes de Clichy et de Levallois, l'énumération de ces ouvrages a déjà été faite dans la monographie de cette dernière commune, à laquelle nous nous référons (V. monographie de Levallois, p. 93).

Ouvrages d'assainissement d'intérêt général. — C'est à Clichy que prend naissance le grand émissaire général construit par le service départemental d'assainissement, dans le double but d'empêcher la contamination des eaux de la Seine par le déversement dans le fleuve des eaux d'égout et de favoriser la culture par la création de champs d'épandage alimentés par ces mêmes eaux.

L'étude générale de cet émissaire ayant été faite dans la monographie d'Asnières (p. 106), nous nous bornerons ici à parler de l'usine élévatoire de Clichy.

L'installation mécanique de l'usine de Clichy comprend 4 machines horizontales, système Farcot, pouvant fournir chacune une force de 250 chevaux en eau montée et 2 machines à triple expansion, provenant de la Société des Forges et Chantiers de la Méditerranée, pouvant fournir chacune une force de 130 chevaux en eau montée ; chacune de ces machines actionne une pompe centrifuge.

Les moteurs Farcot sont horizontaux, à quatre tiroirs et à condensation (distribution genre Corliss et détente variable). Ils actionnent l'arbre de la pompe placé verticalement. Le disque de la pompe et l'équipage tournant tout entier sont supportés par des disques en acier et en bronze formant pivot, à la partie supérieure de l'arcade du bâti, sans support inférieur.

Les pompes centrifuges alimentées par ces moteurs peuvent

débiter de 2.000 à 2.500 litres par seconde, à la vitesse de 110 à 115 tours de la machine, en refoulant sur Colombes à 5 ou 6 mètres de hauteur.

Enfin les moteurs Farcot sont alimentés eux-mêmes par 5 générateurs semi-tubulaires de 210 mètres carrés de surface de chauffe chacun et timbrés à 6 kilogr. 5.

Les moteurs des Forges et Chantiers sont à triple expansion, à 4 tiroirs, à condensation et à détente fixe, et la vitesse de rotation de l'arbre de pompe qu'ils commandent est de 118 à 135 tours par minute.

Chacun d'eux possède, en outre, une machine auxiliaire, fonctionnant par la pression de la vapeur et commandant la pompe à air et la pompe alimentaire. Les eaux de condensation arrivent aux chaudières après avoir été réchauffées dans un sécheur de vapeur à la température d'environ 100 degrés.

Les pompes centrifuges actionnées par ces moteurs peuvent élever 780 litres par seconde, à une hauteur manométrique moyenne de 10 m. 50, en refoulant sur Gennevilliers. Enfin les moteurs des Forges et Chantiers sont alimentés par 3 chaudières de mêmes dimensions que les précédentes, mais timbrées à 11 kilogr. 25.

Voici maintenant quelques détails sur le siphon de Clichy dont l'établissement a coûté 1.100.000 francs au département.

Cet ouvrage passe sous la Seine, au sortir de l'usine de Clichy. C'est un souterrain circulaire de 2 m. 30 de diamètre intérieur, percé à grande profondeur sous le lit du fleuve, selon la méthode du bouclier, dont M. Berlier a fait une première application en France. Ce souterrain, de 463 mètres de longueur, a son origine à la base d'un puits vertical de plus de 24 mètres de profondeur, creusé dans l'enceinte même de l'usine de Clichy; il présente d'abord une partie presque horizontale, établie sous les trois bras et les deux îles de la Seine, puis une longue rampe par laquelle il regagne, sur l'autre rive, le niveau du sol. Il a été construit entièrement à l'air comprimé.

Égouts. — Les principales artères de la commune sont celles : 1º du collecteur d'Asnières ; 2º du collecteur parisien de Clichy; 3º du branchement départemental du chemin de grande communication nº 1.

A. *Collecteur d'Asnières.*— Le collecteur parisien, dit collecteur d'Asnières, sort de Paris par la porte d'Asnières, emprunte, sur

Levallois, la rue Victor-Hugo (route départementale n° 8), traverse le chemin de fer de l'Ouest sous le pont biais et emprunte sur Clichy les rues des Chasses et Fournier pour aboutir à l'usine élévatoire de la Ville de Paris (longueur sur Clichy : 1.000 mètres environ). Les eaux de ce collecteur passaient autrefois, avant leur arrivée à l'usine, dans les bassins à sable situés sur le territoire de Levallois à l'angle de la rue Victor-Hugo et de la rue Gide ; ces bassins, dont le fonctionnement a été supprimé depuis plusieurs années, avaient donné lieu à la construction de dérivations spéciales du collecteur d'Asnières par la rue Gide, sur le territoire de Levallois, et par les rues de Neuilly, du Parc et Fournier, sur le territoire de Clichy (longueur : environ 900 mètres).

Les affluents du collecteur d'Asnières à Clichy sont :

1° L'égout communal de la rue de Paris, dont le point haut est boulevard Victor-Hugo (chemin de grande communication n° 16) et qui emprunte les rues de Paris, de l'Abreuvoir et de l'Avenir, pour se jeter dans le collecteur d'Asnières, au droit de la rue Fournier (longueur 1.045 mètres).

2° Un égout communal, rue des Chasses, dont le point haut se trouve rue de l'Abreuvoir (longueur 80 mètres).

L'égout communal de la rue de Paris reçoit lui-même :

a. Un égout communal, rue des Cailloux (288 mètres), grossi d'une partie de la canalisation communale de la rue de la Chanse-Milly (170 mètres) ;

b. Un égout départemental, rue du Bois, dont les points hauts sont situés respectivement rue de la Chanse-Milly et boulevard National (route départementale n° 9), grossi lui-même de la canalisation communale de la rue de la Chanse-Milly (180 mètres) et d'une partie de celle de la rue Castérès (75 mètres) ;

c. Une canalisation communale, rue Reflut, point haut boulevard National (longueur 75 mètres) ;

d. Un égout communal, rue Huntziger (longueur 157 mètres) qui reçoit lui-même une partie de la canalisation communale de la rue Castérès (longueur 80 mètres) ;

e. Une canalisation communale, rue de l'Union (point haut boulevard National ; longueur 120 mètres) ;

f. Un égout communal, rue de Neuilly (point haut rue du Parc ; longueur 128 mètres), grossi lui-même par une partie de la canalisation communale rue Castérès (longueur 150 mètres) ;

g. Un égout communal, rue de l'Ancienne-Mairie, dont le point haut est situé boulevard National (route départementale n° 9; longueur 134 mètres) et qui a lui-même pour affluent une canalisation communale rue du Réservoir (point haut rue de Neuilly : longueur 90 mètres) ;

h. Une canalisation communale, rue de l'Avenir (point haut boulevard National ; longueur 85 mètres).

B. Collecteur parisien, dit de Clichy. — Ce collecteur sort de Paris par la porte de Clichy, suit le boulevard National (route départementale n°9) et la rue Honnet prolongée, pour aboutir à l'usine de la Ville de Paris (longueur sur Clichy 1.900 mètres environ).

Il a pour affluents :

1° L'égout départemental du boulevard Victor-Hugo (chemin de grande communication n° 16) dont le point haut est situé porte de Courcelles à Levallois (longueur sur Clichy 1.000 mètres environ), grossi lui-même des branchements d'égouts construits pour l'assainissement des ateliers de la Compagnie de l'Ouest.

2° L'égout départemental du boulevard National (route départementale n° 9) qui se déversait autrefois en Seine en aval du pont de Clichy et qui a été raccordé au collecteur parisien, au droit de la rue Nouvelle (longueur 1.750 mètres).

3° Un égout communal, rue du Réservoir, qui se déversait auparavant en Seine et qui est maintenant tributaire du collecteur de Clichy, auquel il aboutit en face de la rue Honnet prolongée (longueur 420 mètres). Cet égout est continué par une canalisation communale dont le point culminant est situé rue de l'Ancienne-Mairie (longueur 225 mètres).

L'égout départemental du boulevard National reçoit lui-même les affluents suivants :

a. L'égout départemental du boulevard Victor-Hugo, dont le point culminant est situé aux docks de Saint-Ouen (longueur sur Clichy : 1.200 mètres environ) [1] ;

---

1. Les sous-affluents de cet égout sont pour la plupart assez importants. Ce sont :

1° La canalisation communale de la rue Vassou (point haut : rue Madame-de-Sanzillon, 120 mètres de longueur);

2° La canalisation départementale du boulevard Victor-Hugo, parallèle à l'égout du même boulevard, et située entre la rue Madame-de-Sanzillon et le boulevard National (1.002 mètres de longueur);

b. Un égout communal, rue Cousin (point haut : vers la rue Martre, 193 mètres de longueur) ;

c. Un égout communal, rue Gobert (30 mètres de long environ);

d. L'égout départemental de la rue du Bois (chemin de grande communication n° 17), long de 612 mètres (point haut : boulevard de Lorraine), et grossi lui-même d'une partie de l'égout communal de la rue Martre, entre le boulevard Victor-Hugo et la place des Fêtes (505 mètres) [1] ;

e. Une canalisation communale, rue Reflut (point haut : rue Martre, longueur 160 mètres).

f. Un égout communal, rue de l'Union (point haut : rue Martre, 257 mètres de longueur) [2] ;

g. Un égout communal, rue Villeneuve (point haut : rue Dagobert, longueur 69 mètres), prolongé par une canalisation communale, ayant elle-même son point haut rue Martre, et 70 mètres de longueur;

h. L'égout départemental de la rue du Landy [3], dont le point

---

3° Une canalisation communale rue Deligny (214 mètres de longueur);

4° Un égout départemental boulevard de Lorraine à 2 versants, l'un entre la porte Pouchet et le boulevard Victor-Hugo, sur une longueur de 250 mètres, l'autre, entre la rue Kloch et le boulevard Victor-Hugo (longueur 127 mètres);

5° Les égouts du cimetière parisien de Clichy (468 mètres).

1. Ce dernier égout reçoit l'égout communal de la rue Morice (291 mètres), et une canalisation communale rue Gobert (longueur 50 mètres).

2. L'égout de la rue de l'Union reçoit :

1° Le tronçon d'égout de la rue Martre, compris entre la place des Fêtes et la rue Villeneuve (265 mètres), grossi lui-même de l'égout communal de la rue Palloy (60 mètres), prolongé par la canalisation communale de la même rue (125 mètres);

2° L'égout communal à 2 versants de la rue Dagobert, dont les points culminants sont situés respectivement vers les rues Villeneuve et Reflut (longueur 165 mètres).

3. Cet égout a lui-même pour affluents :

1° Une canalisation départementale boulevard de Lorraine (route 10), point haut : rue Villeneuve (longueur 55 mètres);

2° Un égout communal rue d'Alsace (longueur 116 mètres), qui reçoit en tête une canalisation communale, rue Villeneuve (longueur 110 mètres), dont le point haut est rue des Bournaires, où elle se grossit elle-même des eaux d'une deuxième canalisation communale desservant ladite rue des Bournaires (points hauts : rues Palloy et du Landy, longueur 335 mètres);

3° Une canalisation communale, impasse du Landy (longueur 135 mètres);

4° Un égout communal, rue Alfred-Couillard (longueur 69 mètres);

5° Un égout communal rue des Bateliers, (longueur 29 mètres);

6° Une partie de l'égout communal de la rue Martre, depuis la rue Villeneuve (longueur 165 mètres).

haut est situé à la limite des territoires de Saint-Ouen et de Clichy (longueur 883 mètres) ;

i. Une canalisation communale, rue du Guichet (point haut : rue du Landy, longueur 150 mètres) ;

j. Une canalisation communale, rue Traversière (point haut : rue Martre, longueur 120 mètres) ;

k. Une canalisation communale, rue Honnet (point haut : rue Martre, longueur 125 mètres).

C. Branchements transversaux du chemin de grande communication n° 1. — Ces branchements départementaux déversent en Seine les eaux du chemin n°1, et présentent une longueur totale de 487 mètres.

En résumé, la presque totalité des eaux de la commune est reçue par l'usine parisienne de Clichy, qui les refoule vers celle de Colombes, d'où elles sont envoyées dans les champs d'épandage.

Quant à celles qui, actuellement encore, se déversent en Seine, elles doivent être, dans un avenir prochain, recueillies par un collecteur latéral à la Seine, qui les conduira également à l'usine de Clichy.

Dans l'ensemble, les ouvrages d'assainissement établis sur le territoire de Clichy présentent en chiffres ronds un développement total de 19.389 mètres, se décomposant comme suit :

Égouts parisiens	4.268 mètres
Égouts départementaux	6.634 —
Canalisations départementales.	1.057 —
Égouts communaux	4.466 —
Canalisations départementales.	2.964 —

Les égouts appartenant à la commune sont curés par le service départemental par abonnement ; la dépense qui en est résultée en 1902 est de 4.704 fr. 06 (la fourniture de l'eau étant à la charge de la commune).

Le curage des égouts d'intérêt général est en principe à la charge de la commune, mais, en fait, le département exécute ce travail, avance les fonds nécessaires et prend gratuitement à sa charge une partie de la dépense. De ce chef, la commune a remboursé au département, pour l'exercice 1902, une somme de 1.713 fr. 97.

Distance de Paris. — La distance de Paris (parvis Notre-Dame) à Clichy (mairie) est de 7 kilomètres.

Moyens de transport. — *1° Chemin de fer.* — La ville de
Clichy est desservie par la gare de Clichy-Levallois, située à la
limite des deux communes, sur les lignes de Normandie, de Paris
à Versailles (rive droite et Chantiers), Paris aux Invalides (par les
Moulineaux), Paris à Saint-Germain (par Marly-le-Roi), enfin Paris
à la Garenne-Bezons et Saint-Germain (par Bécon-les-Bruyères).

Le nombre des trains s'arrêtant, par jour, à la gare de Clichy-
Levallois, est de 57 pour les trains venant de Paris, et de 63 pour
ceux qui y vont. En outre, 119 y passent sans arrêt, dont 63
venant de Paris et 56 y allant.

Enfin, des trains supplémentaires, en nombre variable, sont mis
en circulation les dimanches et les jours de fête, selon les besoins
du service.

Les prix des places entre Paris-Saint-Lazare et Clichy sont
fixés comme suit :

VOYAGEURS CIVILS						MILITAIRES et MARINS	
PLACES ENTIÈRES		DEMI-PLACE		ALLER ET RETOUR			
1re cl.	2e cl.	1re cl.	2e cl.	1re cl.	2e cl.	1re cl.	2e cl.
0,40	0,25	0,20	0,15	0,80	0,50	0,15	0,10

ABONNEMENTS									
UN MOIS		TROIS MOIS		SIX MOIS		NEUF MOIS		UN AN	
1re cl.	2e cl.	1re cl.	2e cl.	1re cl.	2e cl.	1re cl.	2e cl.	1re cl.	2e cl.
32 »	20 »	80 »	50 »	100 »	60 »	145 »	84 »	175 »	100 »

Il existe, en outre, un tarif spécial pour les ouvriers, fixé
uniformément à o fr. 25, aller et retour.

Des cartes hebdomadaires sont également délivrées aux ouvriers
et employés des deux sexes, moyennant le prix de 1 franc.

Enfin, la statistique des expéditions et des arrivages en 1901, à la gare de Clichy, résulte des chiffres suivants :

Expéditions : 519.990 voyageurs et 323 tonnes de bagages, le tout représentant une recette de 117.315 francs, et 4.122 tonnes de marchandises par la grande vitesse, représentant une recette de 103.182 francs.

Arrivages : 538.573 voyageurs et 3.871 tonnes de marchandises en grande vitesse.

La ligne de Paris à Saint-Germain marque la limite des communes de Clichy et de Levallois.

Enfin, signalons, sur le territoire même de Clichy, au-dessus du cimetière communal, un important garage, où la Compagnie de l'Ouest remise ses voitures.

Quoique nous n'ayons pas à étudier en détail l'organisation des trains-tramways du chemin de fer du Nord entre Paris et Saint-Ouen, puisque ces trains aboutissent au pont de Saint-Ouen, c'est-à-dire en dehors des limites de la commune, il convient également de les mentionner comme desservant en réalité les usines situées sur les quais de la Seine, à Clichy comme à Saint-Ouen.

La gare de Clichy-Levallois se trouvant insuffisante, un important projet d'agrandissement est actuellement à l'étude.

2° *Tramways*. — Les lignes de tramways établies sur le territoire de la commune sont toutes exploitées par la Compagnie des Tramways de Paris et du département de la Seine.

a. Le tramway de Madeleine-Asnières-Colombes ne passe à Clichy que sur une longueur de 320 mètres environ, sur la route d'Asnières. La ligne 'qu'il parcourt s'étend sur une longueur de 8.815 mètres en rails Broca. Le nombre de ses courses journalières s'est élevé à 105 pendant l'hiver 1901-1902, et à 129 pendant l'été 1902.

Les prix des places sont les suivants :

De la Madeleine à la porte d'Asnières, 0 fr. 30 à l'intérieur et 0 fr. 15 sur l'impériale ;

De la porte d'Asnières à la rue Gide, 0 fr. 10 à l'intérieur et 0 fr. 05 sur l'impériale ;

De la rue Gide à la place de la Station, à Asnières (prix unique, 0 fr. 05) ;

De la place de la Station aux Bourguignons, o fr. 10 à l'intérieur et o fr. o5 sur l'impériale ;

Des Bourguignons à Colombes, prix unique, o fr. o5.

C'est dans le parcours de la rue Gide à la place de la Station que le tramway passe sur le territoire de Clichy.

b. La ligne de la Madeleine à Gennevilliers s'étend sur une longueur de 8.209 mètres.

Les tramways de cette ligne ont effectué, pendant l'hiver 1901-1902, 131 courses journalières dans les deux sens, et 189 pendant l'été 1902.

Les prix des places sont les suivants :

De la Madeleine à la porte de Clichy, o fr. 30 à l'intérieur et o fr. 15 sur l'impériale ;

De la barrière à l'église de Clichy, o fr. 10 et o fr. o5 ;

De l'église de Clichy à la place Voltaire, à Asnières, o fr. 10 à l'intérieur et o fr. o5 sur l'impériale ;

De la place Voltaire à Gennevilliers, o fr. 30 et o fr. 15.

Cette ligne, ainsi que la précédente, est exploitée par la traction électrique (accumulateurs à charge lente). Ses automotrices ont toutes été munies d'un trolley qui leur permet d'utiliser les lignes aériennes construites entre le dépôt de la Compagnie à Asnières, le terminus de Gennevilliers, le terminus de Colombes et la place de la Station à Asnières.

c. La ligne de Neuilly-Saint-Ouen-Saint-Denis suit la rue de Paris (route nationale n° 1) et la route de la Révolte au boulevard Victor-Hugo (routes départementales n°s 12 et 11 et chemin de grande communication n° 16). Elle aboutit à la porte Maillot, après avoir traversé successivement les communes de Saint-Denis, Saint-Ouen, Clichy, Levallois-Perret et Neuilly-sur-Seine, sur un parcours total de 4.783 mètres [1], dont 453 mètres en rails Broca et 4.330 mètres en rails Vignole.

La moitié seulement des voitures en service fait le parcours complet. L'autre moitié va de la mairie de Saint-Ouen à la porte Champerret.

Les départs ont lieu pour la première catégorie toutes les heures, de 6 h. 25 du matin jusqu'à 9 h. 25 du soir, la semaine,

---

1. Non compris les fractions des autres lignes qu'elle emprunte sur son parcours.

et jusqu'à 10 heures, le dimanche, et pour la seconde catégorie toutes les vingt minutes.

Un service spécial est établi pour les ouvriers.

Les prix des places sont les suivants :

INDICATION DES SECTIONS	1ʳᵉ CLASSE	2ᵉ CLASSE
Barrage Saint-Denis-Porte de Paris.	o fr. 10	o fr. o5
Porte de Paris-Mairie de Saint-Ouen	o fr. 10	o fr. o5
Mairie de Saint-Ouen-Clichy-Révolte.	o fr. 15	o fr. 10
Clichy-Révolte-Porte Champerret.	o fr. 15	o fr. 10
Porte Champerret-Porte Maillot.	o fr. 15	o fr. 10

Eaux. — Aux termes d'un traité en date du 1ᵉʳ juillet 1865, approuvé par arrêté préfectoral du 8 août 1866, la ville de Clichy a concédé pour 5o ans à la Compagnie générale des Eaux le privilège exclusif d'établir, sous le sol des voies publiques communales, des tuyaux de conduite et de distribution.

Voici, en résumé, les principales conditions apportées à cette concession :

Sont à la charge de la Compagnie les frais de déplacement des conduites de distribution, ainsi que ceux occasionnés par les travaux de pavage et de percement qui en résultent. La Compagnie est responsable des travaux qu'elle exécute, pendant un an.[1]

La vente de l'eau dans la commune a lieu par application des tarifs et conditions usités à l'intérieur de Paris. En conséquence, le prix en est déterminé de la manière suivante pour une distribution de 24 heures :

Depuis 25o litres à raison de ... 4o francs par an
—   5oo   —   6o   —
De 1 à 5 mètres cubes à raison de . . . . . 12o   —
De 5 à 10   —   100   —
Au-dessus de 10 mètres cubes et jusqu'à
20 mètres cubes . . . . 8o   —

Au delà de 20 mètres cubes, la Compagnie traite de gré à gré, sans qu'en aucun cas le prix du mètre cube puisse être inférieur à 55 francs.

Il n'est pas accordé d'abonnement inférieur à 25o litres.

Dans le cas où le prix de l'eau fournie pour le service des habitants serait abaissé dans le tarif de la Ville de Paris, la commune de Clichy doit profiter du bénéfice de cette réduction. C'est ainsi que déjà le prix des concessions d'eau de 250 litres à 1 mètre cube s'est trouvé abaissé de 60 et 100 francs à 40 et 60 francs.

La Compagnie est tenue, dans la commune, aux concessions gratuites ci-après :

1° 12.000 litres d'eau par jour, pour le nettoyage et l'assainissement des rues et places publiques ;

2° 500 litres à la mairie ;

3° 500 litres à chacune des écoles communales de filles et de garçons et à chacune des écoles maternelles.

L'eau dont la commune aurait besoin en sus des concessions gratuites qui viennent d'être énumérées lui est vendue aux conditions prévues pour les abonnements particuliers, pour les services journaliers et, en ce qui concerne les services extraordinaires, tels que l'arrosage des rues et des plantations, et le lavage des égouts au moment du curage, etc., aux conditions concédées par la Ville de Paris pour le service des routes départementales.

Le service des bouches d'eau doit être fait chaque jour, de 10 heures à 10 h. 1/2.

Au mois de septembre 1903, la ville de Clichy possédait : 162 bouches de lavage ; 14 bouches d'incendie et 8 fontaines filtrantes.

Éclairage. — La commune a passé, avec la Compagnie du Gaz, un traité en date du 24 janvier 1880, approuvé le 24 juin suivant (traité annexé du 6 juin 1885, approuvé le 28 août suivant). En vertu de ce traité, le prix du mètre cube de gaz est fixé à 0 fr. 15 pour la commune et à 0 fr. 30 pour les particuliers. En raison de la convention Rouland et Chamon, approuvée par arrêté préfectoral du 12 octobre 1903, à la suite de la conférence intercommunale de la banlieue de Paris, pour le gaz et l'électricité (Seine-et-Oise), et valable du 1er janvier 1906 au 31 décembre 1935, le prix du gaz fourni aux services publics doit être fixé à 0 fr. 15 le mètre cube sauf le payement d'une redevance de 0 fr. 04 et 0 fr. 03 pour l'occupation du sous-sol des voies publiques, suivant que la consommation totale de la commune dépasse ou non 500.000 mètres cubes.

Le prix du mètre cube de gaz vendu aux particuliers est fixé d'autre part à 0 fr. 16 sous réserve de la même redevance. Enfin les concessionnaires se sont engagés à assurer aux particuliers un dégrèvement de o fr. 10 par mètre cube de gaz consommé du 1er janvier 1904 au 1er janvier 1906 et à supporter les frais de ce dégrèvement.

La ville de Clichy possédait au mois de septembre 1903 :

12 becs papillon à 140 litres ;

550 becs Auer, dont 421 à 100 litres ; 82 à 150 litres, et 47 à 200 litres ;

9 becs de 100 litres placés devant l'usine de la Compagnie du Gaz, et allumés gratuitement par ses soins.

La dépense supportée par la commune pour l'éclairage au gaz, en 1902, s'est élevée à 55.789 fr. 71 répartis comme suit :

Éclairage public des rues		43.914,11 1.
	Bâtiments scolaires. . . .	5.523,75
	Mairie.	5.210,10
Édifices publics . .	Commissariat.	824,50
	Bureaux d'octroi	317,25
		55.789,71

Il existe, en outre, 30 lampes à l'huile.

2 cantonniers sont spécialement chargés de les allumer. Ils reçoivent à cet effet, l'un 15 francs, et l'autre, 12 francs par mois.

§ IV. — JUSTICE ET POLICE

Justice de paix. — La commune appartient à la justice de paix de Neuilly-sur-Seine, dont la circonscription s'étend sur les communes de l'ancien canton de Neuilly.

Ainsi que nous l'avons dit plus haut, au titre du Domaine, une salle spéciale se trouve aménagée dans la mairie en vue des audiences de compétence et de conciliation, qui ont lieu tous les lundis de 9 heures du matin à 11 heures.

Le tribunal de simple police se tient à Neuilly-sur-Seine.

Officiers ministériels. — Il existe à Clichy un notaire et un huissier dont les études se trouvent respectivement boulevard National, nos 101 et 106.

1. Non compris les dépenses relatives à l'entretien des becs.

La commune dépend du 6e bureau des hypothèques de la Seine. Le bureau de l'enregistrement est situé à la mairie de Neuilly.

Commissariat et agents de police.— Le commissariat est établi, comme il été dit plus haut, dans une dépendance de l'ancienne usine Delalain, rue Martre, n° 56.

Aux termes d'un décret du 16 février 1892, relatif à l'organisation des commissariats de police du département de la Seine, celui de Clichy ne comprend dans sa circonscription que la commune elle-même.

Son effectif est actuellement composé d'un commissaire, d'un secrétaire, d'un brigadier, de 3 sous-brigadiers et de 40 agents.

Dans cet effectif est comprise une brigade d'agents cyclistes composée d'un sous-brigadier et de 8 agents.

La somme mise à la charge de la commune, en 1902, pour sa part contributive dans les dépenses de police, s'est élevée à 53.622 francs.

Gendarmerie.— Deux brigades à pied sont stationnées à Clichy.

L'une a son casernement boulevard Victor-Hugo, n° 143, et l'autre boulevard National, n° 156.

Les deux brigades sont composées de 5 hommes chacune, dont 1 maréchal des logis dans la première et 1 brigadier dans la seconde.

On sait que les frais de casernement de la gendarmerie sont à la charge du département.

Gardes champêtres et appariteurs.— En raison de l'état de la commune, il n'existe pas à Clichy de garde champêtre proprement dit.

La ville de Clichy rétribue seulement 3 appariteurs recevant ensemble un traitement de 5.500 francs. 2 d'entre eux s'occupent principalement de la voirie, de la surveillance des cantonniers et du transfert du matériel. Le troisième est plus particulièrement chargé du service de l'hygiène (inspection des logements insalubres, fosses d'aisances, etc.).

Messiers. — Néant.

§ V. — CULTES

Paroisse. — Clichy constitue une succursale dont le titulaire reçoit un traitement annuel de 900 francs. Conformément à l'article 3 du décret du 30 décembre 1809, le conseil de fabrique comprend 9 membres.

Le budget de la fabrique étant supérieur à 30.000 francs, cet établissement relève directement de la juridiction de la Cour des comptes.

Congrégations. — Voici la liste des congrégations qui, au mois de septembre 1903, possédaient des établissements dans la commune :

1° Frères de la Doctrine chrétienne, n° 18, rue du Réservoir, à Clichy (congrégation enseignante autorisée), dont la maison mère se trouve à Paris, rue Oudinot ;

2° Les Filles de la Charité de Saint-Vincent-de-Paul (congrégation charitable et enseignante), possédant à Clichy une crèche, un fourneau économique et une maison de retraite pour les sœurs âgées ou infirmes ;

3° Sœurs de Saint-Joseph-de-Cluny (congragation hospitalière), n° 2, rue des Bournaires ;

4° Sœurs de Marie-Joseph, n° 98, boulevard de Lorraine (congrégation charitable), dont la maison mère se trouve au Dorat dans la Haute-Vienne.

Église évangélique. — L'église évangélique de Clichy est exclusivement réservée à la célébration du culte réformé. Elle constitue, au point de vue administratif, la cinquième section de la paroisse de Batignolles.

§ VI. — SERVICES DIVERS

Poste, télégraphe, téléphone. — Le service des postes et télégraphes est assuré à Clichy par un bureau d'État (recette composée de 3ᵉ classe), situé rue Dagobert, n° 10, comprenant un bureau télégraphique à service complet et un bureau téléphonique avec cabine publique.

Le personnel se compose, indépendamment du receveur, de 2 commis principaux, de 11 dames, 14 facteurs des postes, 1 employé téléphoniste et 4 facteurs télégraphistes.

Le bureau est ouvert tous les jours, de 7 heures du matin à 9 heures du soir en été, c'est-à-dire du 1er mars au 31 octobre, et à partir de 8 heures du matin en hiver, c'est-à-dire du mois de novembre à la fin de février.

15 boîtes aux lettres, non compris celles du bureau, sont placées aux adresses suivantes :

Route d'Asnières, n° 24 ; rue des Chasses, n° 48 ; boulevard National, nos 25, 67 et 160 ; rue du Landy, n° 46 ; boulevard National (terre-plein) ; rue de Neuilly, n° 60 ; rue Morice ; boulevard Victor-Hugo, nos 150, 102 et 87 ; rue des Cailloux, n° 7 ; rue de Paris, n° 30 ; rue du Bois, n° 93.

Caisse nationale d'épargne postale. — Voici le résumé des opérations effectuées, en 1902, à Clichy, par la Caisse nationale d'épargne postale :

810 livrets nouveaux ont été délivrés, représentant une somme de 142.926 fr. 18 ; 6.392 versements ont été effectués sur livrets pris antérieurement, soit pour une somme de 497.440 fr. 63.

Enfin le nombre des remboursements s'est élevé à 2.636, pour une somme de 448.510 fr. 20.

Il n'a pas été effectué, pendant l'année 1902, de remboursement international.

Caisse d'épargne et de prévoyance de Paris. — Une succursale de la Caisse d'épargne de Paris, dont le siège se trouve rue Coq-Héron, n° 9, fonctionne à l'hôtel de ville de Clichy depuis le 8 décembre 1878.

Depuis son ouverture, elle a effectué les opérations suivantes :

Nombre de livrets nouveaux	7.291
Nombre total des versements	58.152
Sommes versées	4.742.234 fr. »
Nombre de remboursements	6.762
Sommes remboursées	1.706.950 fr. 21

Voici, d'autre part, le résumé de ses opérations pendant l'année 1902 :

Nombre de livrets nouveaux   97
Nombre total des versements 1.682
Sommes versées . . . .   198.874 fr. »
Nombre de remboursements   316
Sommes remboursées . . . .   71.020 fr. 80

Sapeurs-pompiers. — La Compagnie des sapeurs-pompiers de Clichy, organisée d'après les termes du décret du 29 décembre 1875, a été créée par arrêté préfectoral du 5 avril 1877. Elle comprend 51 hommes, soit l'effectif légal, avec un cadre conforme à l'article 13 du décret précité.

Elle a, à sa disposition, dans le dépôt des pompes situé rue du Bois, n° 111 :

1 pompe de grand modèle, servant surtout aux épuisements d'eau en cas d'orage, d'inondations, rupture de conduite d'eau, etc., 4 pompes à bras aspirantes et foulantes, 3 dévidoirs, 1 chariot complet, 1 voiture avec réserve de tuyaux en toile, 1 ventilateur hydraulique aspirant et refoulant ; 1 avant-train pour départ attelé, un casque respiratoire, un appareil de feux de cave (système Paulin), 2 pompes d'instruction et, d'une manière générale, tout le matériel accessoire en service dans les communes.

Les dépenses supportées par la ville de Clichy, en 1902, pour le service des pompiers, se sont élevées à 5.955 francs.

Enfin, les œuvres d'assistance et de mutualité établies en leur faveur, se résument ainsi :

Ils sont assurés d'une retraite après 25 années de service, à la condition d'avoir 60 ans d'âge ou des infirmités dûment constatées, les empêchant de continuer leur service.

Une caisse de secours a été organisée par l'arrêté préfectoral du 12 juin 1868, modifié par le décret du 17 février 1879, et les dispositions de cet arrêté qui, à l'origine, ne concernaient que les simples sapeurs, ont été étendues, par décret en date du 27 mai 1895, aux officiers, sous-officiers, caporaux, tambours et clairons.

Le règlement actuel ne prévoit qu'une pension annuelle de 120 francs. Mais le Conseil municipal, jugeant le chiffre trop faible, a décidé de la porter à 300 francs par l'inscription, au budget communal, d'un crédit complémentaire de 180 francs en faveur de chacun des ayants droit. Il se réserve, d'ailleurs, de demander la modification du règlement dans le sens qui vient d'être indiqué.

La caisse possède actuellement 1.727 francs de rentes 3 %, placés à la Caisse des dépôts et consignations.

En outre, les sapeurs-pompiers de Clichy sont assurés à la Société « l'Urbaine et la Seine » :

1º Par l'État, en ce qui concerne les décès ou blessures entraînant incapacité permanente et absolue de travail ;

2º Par la commune, en ce qui concerne les incapacités relatives ou les maladies.

Aux termes de la police d'assurance contractée par la ville de Clichy, le 14 novembre 1900, la Société l'Urbaine et la Seine assure :

1º En cas de diminution dans la capacité de travail, suivant la gravité de l'accident, des indemnités de 560 francs, 420 francs ou 280 francs ;

2º En cas d'incapacité temporaire, une indemnité quotidienne de 5 francs, payable pendant 180 jours au maximum ;

3º Les frais pharmaceutiqnes et médicaux, jusqu'à concurrence de 100 francs ;

4º Le payement des frais funéraires, jusqu'à concurrence de la même somme.

La prime annuelle, payée par la commune, est fixée, d'autre part, à 255 francs, le décompte étant établi à raison de 5 francs par personne assurée.

Marchés. — Ainsi que nous l'avons dit au titre du Domaine, il existe, dans la commune, 3 marchés.

La reconstruction et l'exploitation du marché central couvert, autorisées par arrêté préfectoral du 5 mars 1896, ont été adjugées le 16 avril suivant. Aux termes du procès-verbal d'adjudication, la concession en est accordée pendant une période de 18 ans et demi, ayant commencé à courir le 15 décembre 1896, jour de son ouverture au public. Il est stipulé, en outre, que, à l'expiration de la période d'exploitation, les constructions et l'aménagement intérieur du marché deviendront la propriété de la commune.

La redevance annuelle, payée par l'adjudicataire, est de 10.000 francs.

D'après le cahier des charges, le concessionnaire est tenu de fournir, aux marchands, les places dont ils ont besoin aux conditions suivantes :

0 fr. 15 le mètre superficiel sur le marché, 0 fr. 25 pour le stationnement des voitures à 1 cheval, 0 fr. 10 pour le stationne-

ment des voitures à bras ; o fr. 20 pour la location d'une table, o fr. o5 pour celle d'un banc.

Ces prix constituent des chiffres maxima que l'entrepreneur adjudicataire ne peut dépasser mais qu'il peut abaisser à son gré.

Les marchands restent, de plus, libres de confier ou non leurs voitures ou leurs chevaux à l'entrepreneur ; mais, dans aucun cas, ils n'ont le droit de les laisser stationner sur les voies communales.

Le marché central se tient 3 jours par semaine, les lundis, mercredis et samedis. Il doit, comme les 2 autres, être ouvert en toute saison à 7 heures, pour être fermé à 3 heures en hiver, c'est-à-dire du 1er octobre au 31 mars, et à 4 heures du 1er avril au 30 septembre.

Les adjudications des marchés de la porte de Paris et du boulevard de Lorraine ont été réalisées le 22 mai 1900, du 1er juin 1900 au 30 juin 1906 (approbation préfectorale du 13 juin 1900), moyennant une indemnité globale de 21.000 francs par an.

Aux termes du cahier des charges, chacun de ces 2 marchés doit se tenir deux fois par semaine : celui de la porte de Paris, le jeudi et le dimanche, et celui du boulevard de Lorraine, le mardi et le vendredi,

Le cahier des charges permet à la commune d'exiger, après chaque réunion, le démontage des tentes-abris. Toutefois, cette disposition n'est appliquée que pour le marché du boulevard de Lorraine, celui de la porte de Paris étant clos de tous côtés.

Les droits de place sont fixés, comme suit, pour les deux marchés :

1° o fr. 30 par tente ; soit o fr. 15 par mètre de façade ;

2° o fr. 30 par place, soit o fr. 15 par mètre de façade ; en d'autres termes, o fr. 60 tente et place compris ;

3° o fr. 20 par voiture à 1 cheval et o fr. 10 par voiture à bras.

L'origine de chaque réunion remonte, pour le marché central, à l'année 1851 ; pour celui de la porte de Paris, à l'année 1878, et pour celui du boulevard de Lorraine, à l'année 1900. Toutefois, il convient de noter, en ce qui concerne le marché de la porte de Paris, qu'il n'a été transféré, à l'emplacement actuel, qu'au mois de mai 1891. Avant cette époque, il constituait un simple stationnement et se tenait sur les trottoirs de la route.

Voici la statistique des marchandises introduites sur ces marchés pendant l'année 1902 :

DÉSIGNATION DES MARCHÉS	Poissons	Volailles et Gibiers	Viandes	Beurre Œufs Fromages	Fruits et Légumes	Nombre de marchands
	kilogr.	kilogr.	kilogr.	kilogr.	kilogr.	
Marché central. . .	33.700	45.200	230.400	270.000	611.100	170
Marché de la porte de Paris.	20.050	18.900	117.800	93.300	260.220	250
Marché du boulev. de Lorraine . . .	5.800	7.600	46.700	29.120	57.380	70

Pompes funèbres. — La fabrique de Clichy a concédé à l'entreprise générale des Pompes funèbres, boulevard Richard-Lenoir, n° 66, aux termes d'un traité en date du 27 octobre 1891, le privilège qu'elle tient des décrets du 23 prairial an XIII et du 18 mai 1806. Toutefois, elle s'est réservé la fourniture de la cire et du luminaire d'église, celle de la croix du fond et du deuil, et celle du drap de représentation, utilisé dans les services anniversaires.

Les convois des décédés indigents sont exécutés gratuitement par l'entreprise, d'après les dispositions prévues dans le service ordinaire. Dans le même cas, l'entreprise doit assurer la fourniture gratuite d'une bière en volige à chacun d'eux. L'indigence doit seulement être constatée par un certificat signé de deux témoins patentés et légalisé. Le curé garde le droit de contrôle sur le matériel nécessaire aux locations ou aux fournitures.

Les commandes des convois sont réglées par un employé, nommé d'un commun accord par l'entreprise et le Conseil de fabrique, qui garde le droit de provoquer la révocation, en cas de nécessité.

Le règlement entre la fabrique et l'entreprise se fait de la manière suivante :

Au début de chaque mois, l'entreprise présente, au trésorier de la fabrique, le décompte certifié véritable de toutes les commandes encaissées qui ont été exécutées pendant le mois précédent.

L'entreprise prélève :

1° Le prix du corbillard et du petit brancard prévu au service ordinaire ;

2° Le prix intégral des bières en volige ;

3° Le prix des déplacements et transports hors les limites de la commune, ce genre de service n'étant pas monopolisé ;

4° Le prix des voitures vernies destinées au ministre des cultes, pour conduite au cimetière communal.

Ces prélèvements une fois effectués, l'entreprise paye à la fabrique :

50 % sur les fournitures en location, appartenant aux classes du service extraordinaire (sauf les berlines de deuil), 10 % sur les berlines de deuil faisant cortège ;

25 % sur les cercueils et autres fournitures réelles.

Il est alloué à l'entreprise, par la fabrique, une somme de 5 francs par corbillard destiné au service des indigents.

L'élévation de la remise de 15 à 25 % sur les fournitures réelles, doit compenser obligatoirement au profit de la fabrique :

1° Le prix du corbillard pour les indigents ;

2° La suppression de la remise de 15 %, sur les voitures vernies ;

3° La réduction de 5 % sur les voitures de deuil.

En cas de non-payement ou de payement incomplet, l'entreprise est autorisée à faire les poursuites nécessaires. Les premières rentrées, dans ce cas, sont seulement appliquées aux frais judiciaires de toute nature, et l'excédent, partagé au marc le franc dans les conditions rapportées plus haut.

Le tarif des convois, dans sa partie obligatoire, est réglé par classe, de la manière suivante :

		SERVICE ordinaire	SERVICE EXTRAORDINAIRE						
			1re cl.	2e cl.	3e cl.	4e cl.	5e cl.	6e cl.	7e cl.
ADULTES	Taxe............	"	146	146	146	96	46	31	16
	Cortège.........	5	492	264	206	123	73	28	17
	Maison mortuaire....	"	327	194	133	91	53	22	10
	Portail..........	"	186	133	77	38	28	12	"
	Catafalque........	"	410	310	134	76	38	16	4
	Autel...........	"	119	69	30	16	11	6	"
	Intérieur.........	"	548	410	247	131	64	"	"
ENFANTS	Taxe...........	"	39	39	24	14	"	"	"
	Cortège..........	1	84	54	28	12	"	"	"
	Catafalque........	"	8	6	6	2	"	"	"

Les familles peuvent rejeter en bloc une ou plusieurs sections, à l'exception du corbillard ou de la comète, du deuil d'autel et du catafalque. Mais, dans aucun cas, elles n'ont le droit de prendre, ni dans les classes supérieures, ni dans les classes inférieures, aucun des articles qui y sont inscrits.

Bureaux de tabac. — Il existe, dans la commune, 13 bureaux de tabac situés respectivement aux adresses suivantes : rue du Bois, n° 93 ; rue Villeneuve, n° 35 ; rue des Chasses, n° 48 ; route d'Asnières, n° 24 ; boulevard National, n°s 25, 103 et 180 ; rue de Paris, n°s 30 et 103 ; boulevard Victor-Hugo, n°s 87 et 150 ; rue des Cailloux, n° 7, et rue du Landy, n° 5.

Archives. — Les archives de Clichy comprennent les registres paroissiaux de l'état civil depuis 1625, les registres de délibérations du Conseil municipal depuis l'origine, ceux de la Commission administrative du Bureau de bienfaisance, un registre spécial portant copie des délibérations du Conseil mnnicipal relatives à l'hospice du général Roguet, le registre de délibérations de la Caisse des écoles, enfin, les différentes pièces inséparables d'une importante administration communale.

§ VII. — PERSONNEL COMMUNAL

NOMBRE	EMPLOI	TRAITEMENT
	1° Mairie	
1	Secrétaire....................................	6.000 »
10	Employés....................................	23.000 »
4	Garçons de bureau...........................	5.600 »
2	Concierges (dont 1 à l'annexe)................	660 »
		35.260 »
	2° Cimetière	
1	Conservateur................................	1.400 »
2	Fossoyeurs	3.100 »
1	Ordonnateur.................................	1.500 »
4	Porteurs des pompes funèbres................	6.100 »
1	Médecin de l'état civil	800 »
		13.900 »
	3° Octroi	
1	Préposé en chef	5.000 »
1	Brigadier	2.700 »
1	Receveur central	2.600 »
9	Receveurs à l'entrée	36.500 »
10	Surveillants................................	
		46.800 »
	4° Voirie et architecture	
1	Architecte voyer	5.500 »
1	Piqueur voyer	3.000 »
3	Employés au bureau de la voirie.............	5.400 »
3	Appariteurs.................................	5.500 »
1	Chef cantonnier.............................	20.100 »
12	Cantonniers	
3	Cantonniers vicinaux........................	4.800 »
1	Gardien du parc.............................	3.000 »
1	Jardinier...................................	
36	Balayeurs	21.000 »
3	Ouvriers municipaux.........................	5.400 »
		73.700 »
	5° Crèche	
1	Directrice..................................	
5	Femmes de service..........................	
1	Médecin	5.600 »
1	Blanchisseuse...............................	
		5.600 »
	6° Recette municipale	
1	Receveur municipal	6.151 20
	7° Ecoles	
2	Professeurs de langues étrangères...........	600 »
11	Concierges et préposées au nettoyage........	7.340 »
	8° Divers	
1	Juge de paix (indemnité)....................	1.200 »
1	Greffier de juge de paix (indemnité).........	400 »

Pensions et retraites. — Les retraites des employés de la mairie sont servies par la caisse des retraites des secrétaires et employés des communes du département de la Seine, créée par le décret du 24 juin 1865.

Chaque commune adhérente doit verser à cette caisse, pendant 10 ans, une cotisation proportionnelle à son importance.

Le droit à la retraite est acquis au bout de 10 ans, en cas d'incapacité de travail, par suite d'infirmités ou d'accidents.

Après 30 ans de service, l'employé retraité a droit à la moitié du traitement moyen des 3 dernières années, augmentée de 1/40 pour chaque année en sus.

Après 10 ans de service il a droit à 1/6 du traitement augmenté, pour chaque année en plus, de 1/60 de ce traitement.

La pension est réversible sur les veuves et les orphelins.

Il existe, en outre, à l'usage exclusif des employés et ouvriers communaux titulaires, une caisse spéciale de participation à la Caisse nationale des retraites pour la vieillesse. Tout employé et ouvrier titulaire de la commune n'ayant pas dépassé 50 ans a droit à une retraite à partir de 60 ans et, en cas de blessures graves ou d'infirmités, avant cet âge. Le chiffre en est fixé d'après les tarifs de la Caisse nationale, en raison de l'âge et des versements effectués. Une retenue de 5 % est prélevée à cet effet sur les appointements de l'intéressé, pour être placée à son nom s'il est célibataire, et, s'il est marié, moitié à son nom, moitié à celui de sa femme.

La commune verse, d'autre part, 3 % sur les mêmes appointements au profit exclusif de l'ouvrier ou employé.

Les sommes ainsi versées sont placées :

1° A capital réservé, au profit des employés et ouvriers communaux titulaires pour les sommes provenant de leurs retenues 5 % ;

2° A capital aliéné, pour le complément de 3 % alloué par la commune.

Les rentes correspondant à ce versement de 3 % sont incessibles et insaisissables.

Les employés et ouvriers communaux titulaires ont d'ailleurs, à toute époque, la faculté d'abandonner à la Caisse nationale des retraites, pour augmenter leur rente, les sommes provenant des retenues opérées sur leur traitement.

Ces dispositions, adoptées par le Conseil municipal dans ses séances des 13 octobre et 27 décembre 1894, ont été sanctionnées par un décret du 18 juin 1895.

III.— INDUSTRIE ET COMMERCE

Considérations générales sur l'industrie et le commerce. — La ville de Clichy est comprise dans cette vaste région industrielle qui s'étend de Levallois-Perret à Pantin, enfermant le Nord et l'Ouest de la capitale dans un véritable cercle d'usines. La prospérité de la commune ne remonte guère toutefois qu'à 1880. A l'origine, elle comprenait surtout des teintureries, des savonneries, des blanchisseries, une verrerie et des entreprises assez importantes de culture maraîchère.

Les deux premières catégories subsistent aujourd'hui encore en grande partie. Par contre, les maraîchers tendent à se retirer à Gennevilliers et les blanchisseurs ont presque tous émigré à Boulogne. Ce double mouvement s'explique d'ailleurs aisément par l'enchérissement des terrains, qui ne permet pas à des industries nécessitant un grand développement superficiel de trouver la place qui leur est nécessaire à des conditions avantageuses.

Quant au développement parallèle des usines proprement dites et des entrepôts de marchandises, il s'explique par de nombreuses raisons :

Au premier rang figure la situation même de la commune, aux portes de Paris et dans une région dont l'importance s'accroît de jour en jour. On peut signaler aussi l'extension des moyens de transport : la création de 3 tramways desservant les différentes parties de la commune, l'établissement d'un port sur la Seine et surtout l'ouverture de nombreuses voies de communication, ainsi que l'amélioration des voies déjà existantes.

Une indication sommaire des travaux de viabilité exécutés depuis 40 ans donnera d'ailleurs une idée des efforts tentés dans ce sens tant par la municipalité de Clichy que par l'administration départementale.

Dès 1869, l'ouverture du boulevard National réalisée, en même temps que la construction du pont de Clichy, marquait le premier essor de l'activité industrielle de la commune.

D'autre part, à partir de 1880, date de l'établissement de l'usine du gaz, la municipalité faisait ouvrir, dans la région dite la Plaine, tout un réseau de voies nouvelles sur des terrains acquis, en grande partie, de M. Werbecmoës, à la suite d'accords intervenus. Bientôt après, le percement du boulevard de Lorraine dotait la commune d'une nouvelle route départementale (route n° 10).

Plus tard encore, vers 1893, grâce à l'heureuse initiative du docteur Hellet, alors maire de Clichy, une somme de 100.000 francs était dépensée pour l'amélioration du boulevard Victor-Hugo, dépossédé à la fois de son ancienne dénomination (boulevard de la Révolte) et des colonies de chiffonniers qui compromettaient la sécurité et la salubrité du quartier. Enfin, il convient de rappeler qu'un emprunt, actuellement en préparation, doit servir, entre autres choses, à l'ouverture de nouvelles voies de pénétration.

Toutes ces causes réunies ont contribué au remarquable développement industriel dont nous aurons maintenant à poursuivre l'étude dans le détail.

A la différence de l'industrie dionysienne ou levalloisienne, celle de Clichy ne se recommande par aucun caractère bien précis. Elle est représentée, indépendamment de l'usine du gaz, par un nombre considérable de maisons de divers ordres, imprimeries, verreries, savonneries, teintureries, chocolateries, etc., sans qu'il soit possible d'assigner à une ou deux catégories la prépondérance sur les autres et de déterminer la raison logique de leur groupement.

Le commerce, ainsi que nous le verrons, est sensiblement plus important à Clichy que dans la plupart des communes de la Seine.

A. Industries diverses.— *Imprimerie.*— L'imprimerie, quoique n'étant représentée à Clichy que par deux maisons, mérite néanmoins une place à part, en raison de l'importance de ces établissements.

1° *La Société anonyme d'imprimerie et librairie administrative et des chemins de fer* a été fondée en 1825. Elle est généralement appelée, du nom de son fondateur, *Imprimerie Paul Dupont.*

L'usine de Clichy, construite en 1861, rue du Bac-d'Asnières, occupe une superficie de 2 hectares. Elle comprend des ateliers de composition, des galeries de machines pour le tirage où plus de 80 presses roulent à la fois, des moteurs à vapeur, une lithographie artistique et commerciale, une clicherie, une galvanoplastie, de vastes ateliers de reliure, de façonnage et de réglure, un atelier de dessin pour les affiches en couleurs, des ateliers d'agendas, enfin une fonderie de caractères et de blancs.

Trois moteurs à vapeur, de 150 chevaux chacun, mettent en mouvement 120 machines diverses (types Marinoni, Alauzet, Derriey, Lambert, etc.). Il existe, en outre, un certain nombre de moteurs électriques du Creusot actionnant environ 40 machines diverses.

On trouve encore, outre les 8 salles de composition et dans des ateliers distincts : les presses spéciales au numérotage des titres, un atelier de perforage, un vaste local pour l'apposition du timbre de jonction, l'imprimerie étrangère, la réserve du matériel et des clichés, l'atelier des femmes typographes, celui des machines à composer, une fonderie de rouleaux et un grand atelier de réparations mécaniques.

La maison possède à Paris deux autres établissements situés respectivement rue du Bouloi et rue du Croissant. Celui de Clichy, dont la production représente les 2/3 de la production totale, comprend particulièrement les magasins de la librairie et des 20 publications périodiques de la Société, ainsi qu'un vaste magasin aménagé pour le service des bibliothèques scolaires et populaires. Parmi les travaux d'imprimerie qui lui sont réservés, nous citerons tous les ouvrages classiques et administratifs, les titres, actions et obligations et les imprimés de toutes sortes de grandes Compagnies de chemins de fer, la collection de tous les modèles imprimés pour les différentes administrations départementales et communales, les travaux de la Préfecture de la Seine, de la Banque de France, du Crédit foncier de France, du Crédit lyonnais, du Comptoir national d'Escompte et des magasins du Louvre, etc.

Le personnel des ouvriers et employés de la maison se compose d'un millier de personnes environ.

Une Société de secours mutuels a été formée spécialement pour ce personnel ; elle admet les employés, ouvriers et ouvrières des 3 établissements, âgés de 16 ans à 45 ans. La cotisation mensuelle est fixée à 1 fr. 25 pour les hommes et 0 fr. 95 pour les femmes.

Les droits d'entrée, d'autre part, sont de 20 francs pour les membres honoraires, de 7 francs pour les membres participants hommes et de 5 fr. 50 pour les femmes. En compensation, la Société assure à ses membres les soins médicaux et pharmaceutiques gratuits, et, en cas de maladie, des secours pécuniaires fixés, pour les hommes, à 2 francs par jour, et, pour les femmes à 1 fr. 50, pendant les 3 premiers mois, et à 1 franc pendant les 3 mois suivants.

Au bout de ce temps, si la maladie continue, le sociétaire reçoit une allocation mensuelle de 15 francs pendant 6 mois.

La Société assure, en outre, à ses membres, des secours divers, des pensions viagères aux plus anciens et des versements aux familles en cas de décès.

Malgré son caractère privé, elle constitue, en raison du nombre de ses membres, la plus importante des Sociétés de secours mutuels communales.

2° *L'imprimerie du Petit Parisien*, fondée en juillet 1890, occupe, à Clichy, une superficie de 5.413 mètres carrés.

La force motrice lui est fournie par le secteur électrique, le Nord-Lumière, sous la forme d'un courant de 5.500 volts, abaissé à 110 par 3 transformateurs de 75 kilowatts chacun, dans une sous-station installée à l'usine elle-même.

Les machines à imprimer, au nombre de 6, sont directement commandées par un moteur électrique d'une puissance de 20 chevaux.

Les machines rotatives impriment 5 couleurs à la fois et délivrent 12.000 suppléments illustrés, imprimés et pliés, à l'heure. Le tirage de ces suppléments s'élève environ à 650.000 exemplaires pour chaque numéro, et, pour certaines primes, jusqu'à 6 millions.

Teintureries. — La teinturerie, qui constitue une des plus anciennes industries clichoises, est encore aujourd'hui représentée dans la commune par 3 établissements, dont 2 de grande importance.

1° Le premier a été fondé à Clichy en 1850 (la maison mère avait été établie dès 1800 dans l'île Saint-Louis à Paris). Il s'étend sur une superficie d'un hectare, couvert en partie par les ateliers, dispose de 14 générateurs représentant 250 chevaux-vapeur et consomment par an jusqu'à 300.000 kilogrammes de charbon.

Son personnel se compose de 300 ouvriers et employés. Il s'occupe de la teinture des tissus de toute espèce (écrus, laine, laine et soie, laine et coton, jerseys, draps, etc.), qu'il expédie ensuite tant en France qu'à l'étranger. Ces tissus sont teints en partie avec des produits d'aniline, mais surtout à l'aide de procédés anciens qui constituent, pour la maison, une marque spéciale (marque Chappat et Cⁱᵉ).

2° La deuxième maison est établie, depuis 1845, rue du Réservoir, sur un terrain d'environ 5.000 mètres superficiels. Sa force motrice est de 100 chevaux-vapeur, actionnant 150 à 200 métiers et machines, et son personnel se compose de 220 ouvriers et ouvrières. Sa consommation annuelle de charbon s'élève jusqu'à 5.000 tonnes, et sa production, à 45.000 pièces de 15 kilogrammes en moyenne. Il s'occupe surtout de la teinture des tissus en laine ou mélangés de laine, et trouve ses principaux débouchés dans les magasins de nouveautés de Paris et chez les différents négociants en tissus.

3° Une autre maison, fondée en 1868, rue du Landy, dispose de 35 chevaux-vapeur, occupe une superficie de 2.800 mètres et emploie 30 ouvriers environ. Elle s'est spécialisée dans le nettoyage à sec des vêtements.

Savonnerie et stéarinerie. — La savonnerie et la stéarinerie qui, ainsi que nous l'avons dit, représentent, avec la teinturerie, une des plus anciennes branches de l'industrie clichoise, comprennent 4 établissements dignes d'être signalés, dont 2 notamment ont une notable importance.

1° *La manufacture des bougies et savons de Clichy*, fondée en 1854 sur l'emplacement actuel, n° 200, quai de Clichy, s'étend sur une superficie d'environ 7.000 mètres carrés et occupe une soixantaine de personnes (hommes et femmes). Les générateurs, au nombre de 4, produisent une force de 300 chevaux-vapeur. Elle emploie, comme matières premières, des suifs épurés frais fondus, qui sont ensuite décomposés en vase clos sous pression, au moyen de la saponification calcaire. On en extrait : de l'acide stéarique, employé à la fabrication des bougies et des cierges; de l'acide oléique dont une partie est utilisée, dans l'usine même, à la fabrication des savons durs et mous, et dont le reste est vendu aux filateurs pour l'ensimage de leurs laines; enfin, de la glycérine qui trouve son emploi dans l'industrie des tissus et des apprêts, ou qui est vendue aux raffineurs de ce produit.

2° *La savonnerie du Prieuré*, établie depuis 1899, rue du Chemin-Vert, sur un terrain de 5.460 mètres, occupe un personnel de 25 à 35 personnes, et dispose d'une force motrice de 150 chevaux. Au point de vue industriel, elle consiste en une raffinerie de graisses et saindoux, en vue de la fabrication de chandelles (marque la Flamboyante) et de savons. Nous verrons plus loin qu'elle présente aussi, au point de vue commercial, un certain intérêt.

3° Deux autres maisons, situées respectivement boulevard Victor-Hugo et rue Martre, ont été fondées, l'une en 1872, sur un terrain de 1.200 mètres environ, et, l'autre, en 1898, sur un terrain de 1.600 mètres superficiels.

La première (6 ouvriers et 7 chevaux-vapeur) s'occupe de la fonderie des suifs et graisses, dont elle produit environ 30.000 ou 35.000 kilogrammes par mois; elle trouve ses débouchés chez les fabricants de bougies et de savons.

La seconde, désignée sous le nom de Nouvelle Savonnerie française (6 chevaux-vapeur et 15 ouvriers ou ouvrières), emploie au contraire les produits de la stéarinerie, et fabrique exclusivement des savons mous, ombrés et noirs (100 tonnes environ par an).

Construction d'objets métalliques, machines, ustensiles divers, chaudronnerie. — Il existe, à Clichy, un certain nombre de maisons spécialisées dans la fabrication des machines-outils et ustensiles divers en métal, ou dans la chaudronnerie. Nous signalerons les suivantes :

1° Une importante fabrique de boîtes métalliques pour conserves alimentaires (fermeture hermétique sans soudure brevetée), d'ustensiles de laiterie, beurrerie et fromagerie, et divers objets d'équipement militaire en tôle étamée, est établie rue Martre depuis 1884, sur un terrain d'environ 3.000 mètres superficiels. Elle occupe 200 ouvriers, et dispose d'une chaudière cylindrique avec 2 bouilleurs pouvant développer 35 chevaux. Ses produits s'écoulent presque exclusivement en France.

2° La Société anonyme des brevets Besse et Lubin, établie boulevard Victor-Hugo, à Clichy, depuis le 15 février 1902, sur un terrain de 2.000 mètres superficiels, occupe de 20 à 100 ouvriers suivant ses besoins, et dispose d'une force de 20 chevaux-vapeur actionnant 10 machines-outils. Comme son nom l'indique, elle a pour but l'exploitation des brevets Besse et Lubin, relatifs au soudage mécanique des boîtes de conserves alimentaires, aussi bien pour la fabrication que pour leur fermeture, après la mise en boîte des produits à conserver. Ce système comporte essentiellement deux machines, la première qui applique mécaniquement et avec une grande rapidité des bagues de soudure sous les bords des fonds ou des couvercles, et la deuxième qui soumet à l'action d'un fer à souder, de même forme que les boîtes, ces dernières, coiffées des couvercles et maintenues sous pression dans une lunette pendant la fusion et le refroidissement de la soudure. La maison de Clichy fait les deux tiers de ses affaires avec l'étranger.

3º Une maison, fondée rue Martre, en 1896, et transférée rue Villeneuve en 1903, sur un terrain de 1.000 mètres superficiels (dont 700 couverts), s'occupe spécialement de la fabrication d'appareils graisseurs pour automobiles (400 par mois environ). Elle exploite également un brevet (système Dubrulle). Sa force motrice est de 15 chevaux et ses ouvriers sont au nombre de 40. Ses principaux débouchés se trouvent en France dans les fabriques d'automobiles.

4º Une autre maison, fondée rue Huntziger, en septembre 1902 [1], occupe actuellement une quarantaine d'ouvriers à la construction des machines et outillages divers pour le travail des métaux en feuilles (découpage, estampage, emboutissage, cisaillage, etc.). Ces machines diverses trouvent leur emploi dans la fabrication en grand des boîtes métalliques pour conserves alimentaires, ustensiles de ménage, pièces d'horlogerie, de serrurerie, machines agricoles, etc.

La maison utilise elle-même des machines-outils diverses, commandées par un moteur à gaz de 23 chevaux.

5º Un établissement assez important, malgré le nombre relativement restreint de ses ouvriers (30 ouvriers, 30 chevaux-vapeur et 800 mètres superficiels), fondé en 1855, rue de Paris, s'est spécialisé dans la construction d'appareils de levage (ponts roulants à treuil fixe ou avec poutres à tendeurs, grues roulantes pour

1. La maison mère a été fondée à Brooklyn en 1857.

chemins de fer, monte-charges à transmission, transbordeurs électriques avec ou sans fosse pour voitures de tramways).

Les matières premières employées consistent exclusivement en fer, fonte et acier. Les principaux débouchés de la maison se trouvent dans les Compagnies de chemins de fer et de tramways, et chez les entrepreneurs de travaux publics. Le chiffre des affaires à l'exportation (colonies ou étranger) ne représente que le cinquième du chiffre total.

6° Les ateliers de construction, fondés boulevard Victor-Hugo, n° 182, à Clichy, en mai 1902, constituent une importante succursale de 2 maisons, fondées, l'une à Paris en 1857, et l'autre, à Saint-Ouen en 1889. La superficie occupée est de 3.400 mètres carrés, dont une partie est encore en voie de construction (50 chevaux-vapeur, de 30 à 60 ouvriers suivant les besoins). Sa production consiste principalement dans la fabrication de chaudières à vapeur de tous systèmes, et de chaudières spéciales pour chauffage. Elle comprend aussi des articles de chaudronnerie pour brasseries, distilleries, raffineries, papeteries, teintureries, laiteries, savonneries, etc., différents articles de tôlerie et fumisterie, des pièces forgées ou estampées sur modèles ou plans, des machines diverses, une spécialité de barreaux de fer pour chauffage industriel, enfin des grilles articulées à mouvement vertical, permettant l'emploi de combustibles pauvres, et réalisant une économie de 20 %.

Il convient particulièrement d'insister sur les grilles qui, en outre, présentent, pour les chauffeurs, l'avantage d'une mise en pression plus rapide, d'une grande fixité dans la pression, et d'une simplification de travail résultant de la diminution des nettoyages.

La maison se charge, en outre, de l'installation complète d'usines.

Produits chimiques et pharmaceutiques. — Nous signalerons 4 établissements s'occupant de la fabrication de produits chimiques ou pharmaceutiques :

1° *La raffinerie de glycérine*, établie quai de Clichy, en 1889, sur un terrain de 4.100 mètres superficiels, s'occupe de la distillation par la vapeur des glycérines pharmaceutiques et industrielles. Elle emploie 8 ouvriers, et écoule par an, dans les drogueries et pharmacies ou dans l'industrie privée, 400 tonnes de glycérine raffinée. Elle emploie, comme matière première, la glycérine brute des stéarineries.

2° *La fabrique de produits chimiques « le Stannum »*, située également quai de Clichy, a été fondée en 1890 sur un terrain de 4.000 mètres. Elle fabrique exclusivement des sels métalliques, en utilisant les vieilles boîtes de conserves alimentaires (étain, zinc, etc.). Sa production s'élève annuellement à 100 tonnes par an, dont un dixième seulement est réservé à l'exportation. Comme la précédente, elle occupe 8 ouvriers.

3° *La nouvelle Société française du Lysol*, malgré le nombre très restreint de ses ouvriers, mérite d'être signalée. Fondée en 1896, elle s'est spécialisée dans la fabrication d'un produit breveté appelé lysol, constituant un désinfectant et un insecticide utilisé contre le phyloxéra et les différents insectes ou larves qui ravagent les arbres fruitiers. La propriété essentielle de ce produit est d'être un savon liquide, c'est-à-dire un dissolvant des corps gras, mucilages et filaments qui enveloppent les œufs, larves et spores des insectes et des cryptogames. Grâce à sa complète solubilité dans l'eau, à la fluidité extrême des solutions, ce liquide antiseptique peut pénétrer jusque dans les moindres fissures où il va détruire les germes mauvais. Le lysol est également utilisé dans la médecine humaine et vétérinaire.

Les matières premières employées sont le crésylol, provenant du goudron, la potasse et l'oléine.

La production de la maison s'élève à 7.500 kilogrammes par mois.

4° *La Société l'Oxygène*, fondée en 1886 à Passy, et transférée à Clichy, rue Jeanne-d'Asnières en 1896, sur un terrain de 3.049 mètres, produit 50.000 mètres cubes d'oxygène par an. Elle extrait ce gaz de l'air suivant le procédé Brin frères en vue d'application à la médecine, aux projections, à la fusion des métaux, et à l'amélioration des vins et alcools.

5° Enfin, il existe à Clichy, n° 39, rue de Paris, un laboratoire de chimie biologique, s'occupant spécialement de l'extraction des parfums végétaux.

Ce laboratoire est tenu à la disposition des différents fabricants de parfumerie.

Produits alimentaires. — Nous signalerons 4 fabriques de produits alimentaires, dont une notamment très importante :

1° Il existe 2 chocolateries: La première, fondée en 1853, à Paris, n'a été transférée à Clichy, rue de Neuilly, que le 2 mars 1903.

Elle occupe une superficie de 4.000 mètres carrés, emploie 105 ouvriers, et dispose d'une force motrice de 125 chevaux, fournie par des chaudières multitubulaires et un moteur système Corliss.

Elle s'est spécialisée dans la fabrication du chocolat et des bonbons de chocolat, mais elle fait aussi des dragées, des bonbons anglais, des pastilles de menthe, des réglisses, des gommes, pâtes, etc.

La deuxième chocolaterie remonte à 1825. Elle occupe, sur l'emplacement actuel, rue du Landy, un terrain de 2.500 mètres superficiels, dispose d'une force motrice de 60 chevaux et emploie 60 ouvriers. Elle tire son cacao et son sucre principalement des colonies françaises. Sa production annuelle s'élève à 500.000 kilogrammes.

2° Une fabrique de conserves alimentaires (légumes, fruits, gibier, volaille), s'est établie en 1891, boulevard National, sur un terrain de 600 mètres superficiels environ. Elle en produit annuellement de 150.000 à 200.000 boîtes et fait directement des expéditions à l'étranger, l'exportation représentant pour elle les trois quarts de son chiffre d'affaires total. Elle fabrique aussi des boîtes cylindriques pour ses besoins. La provenance de ses matières premières est Montataire, dans le département de l'Oise. Elle dispose de 25 chevaux-vapeur et occupe de 25 à 80 ouvriers (en moyenne une trentaine).

3° Enfin, une ancienne fabrique de chicorée, transférée depuis 10 ans, rue du Réservoir, à Clichy, et fondée en 1794, occupe sur l'emplacement actuel 2.200 mètres superficiels, dispose de 12 chevaux-vapeur et emploie environ 40 ouvriers et ouvrières.

Elle tire ses matières premières de la Flandre. Sa production annuelle s'élève approximativement à 500.000 kilogrammes.

Verreries. — Il convient de mentionner 2 verreries de notable importance. La première, dite verrerie et cristallerie du Pont de Clichy, a été fondée en 1866. Elle occupe, rue du Réservoir, un emplacement de 12.000 mètres carrés, dispose d'une force motrice de 12 chevaux et emploie jusqu'à 130 ouvriers et ouvrières. Elle possède 2 fours dont un seul fonctionne pendant l'hiver, brûlant annuellement 28.000 tonnes de charbon.

La maison produit divers articles de verre opalin et blanc,

consistant principalement en boulés, réflecteurs et lanternes. Elle fabrique aussi des coupes et des siphons.

La seconde, fondée en 1876, occupe, dans la rue des Chasses, un terrain de 8.000 mètres superficiels. Elle dispose d'une force de 40 chevaux et emploie 120 ouvriers à la fabrication des articles les plus divers : verres pour vitres de couleurs, verres antiques, verres pour l'optique ou noirs pour le soleil, opaline blanche et de couleur pour revêtements, verre perforé pour ventilation, tubes et baguettes en cristal et de toute couleur, tubes de niveaux d'eau, verres de montres découpés bruts, verres minces pelliculaires pour microscopes et phonographes, bobèches, enfin cristaux et émaux. Ces derniers consistent, soit en cristaux à tailler pour lapidaires, soit en émaux pour la fabrication des yeux artificiels, pour cadrans et pour tous métaux, ou en couleurs vitrifiables.

Scieries mécaniques et bois de construction.— Il existe, à Clichy, un certain nombre de maisons de moyenne importance (malgré le nombre restreint de leurs ouvriers : de 3 à 6), affectées principalement au sciage mécanique des bois de construction.

L'une, boulevard Victor-Hugo et rue Bonnet, est spécialisée dans la fabrication des moulures en bâtiments et en tous genres (400 mètres superficiels ; 15 chevaux-vapeur ; 3 ouvriers ; fondation en 1830). — Une seconde, située boulevard National, sur un terrain de 3.000 mètres superficiels, a été fondée en 1840.

Elle dispose d'une force de 25 chevaux et occupe 4 ouvriers. La production comprend, d'une manière générale, tous les bois de ciage, de construction et de charpente. — Une autre, située comme la précédente, boulevard National, a été fondée vers 1883, s'occupe, comme elle, du sciage des bois de construction, de la préparations des parquets en chêne et sapin et de la construction des lattes, bardeaux, voliges et moulures (1.200 mètres superficiels; 5 ouvriers; 15 chevaux-vapeur).

Enfin il existe encore deux autres établissements spécialisés plus particulièrement dans les articles de charronnage. L'un, fondé rue des Cailloux, en 1894 (24 chevaux-vapeur et 15 ouvriers environ), fabrique des limonières, gisans, barres pour tombereaux, jantes, moyeux, etc. L'autre, fondé en 1891, rue du Bois, occupe 6 ouvriers et s'est spécialisé dans la fabrication de bois cintrés (ailes de bois, garde-crotte, etc.), notamment pour automobiles.

Lavabos. — Il convient, en raison de son importance et quoiqu'elle soit la seule de cette catégorie, de réserver une mention spéciale à la fabrique de lavabos de la rue du Bois. Cet établissement, fondé en 1867, occupe actuellement à Clichy une superficie de 4.000 mètres. Sa force motrice, fournie par l'usine du Triphasé à Asnières, est de 12 chevaux et le nombre de ses ouvriers de 52. Ces ouvriers, répartis en divers ateliers (marbrerie, ébénisterie, vernissage, montage, robinetterie et plomberie, salle des machines), produisent annuellement en moyenne 6.000 lavabos, 7.000 pièces de robinetterie, 2.500 baignoires. La maison fait, en outre, des installations de salles de bains, 350 environ par an. Son principal article consiste dans la fabrication d'un récepteur breveté à chute rapide dit « le Niagara ». Ce récepteur est muni d'un triton-siphon, dont le principal avantage est d'être aisément démontable et par suite facile à nettoyer, ce qui constitue un réel progrès sur les siphons adhérents dangereux au point de vue de l'hygiène.

Ferblanterie, cirages et vernis, produits d'entretien. — Nous signalerons 2 établissements réservés à la fabrication des cirages et vernis, et autres produits d'entretien:

1° L'un, situé à l'angle du boulevard Victor-Hugo et de la rue Bonnet, occupe de 14 à 18 ouvriers ou ouvrières, suivant la saison, à la production des cirages pour harnais, des crèmes à chaussures en flacons ou en boîtes, des pommades pour métaux, des pâtes pour fourneaux, etc. Il ne fait aucune exportation, mais, par contre, importe un assez grand nombre de pâtes anglaises de toutes marques, principalement pour harnais, et de pommades à polir, de marque anglaise ou américaine (amor-globe, etc.).

Toute la fabrication se faisant à la main, il ne possède pas de force motrice proprement dite, mais dispose seulement de quelques grandes chaudières pour ses manipulations.

Cet établissement, fondé à Paris en 1887, puis transféré à Clichy, rue Martre, n'occupe l'emplacement actuel que depuis le mois de juillet 1902.

2° La deuxième maison (Compagnie parisienne de ferblanterie, cirages et produits d'entretien) a été fondée en février 1903, par la réunion de 6 établissements divers dont les plus anciens remontent à 1860. Elle occupe actuellement, boulevard National, un emplacement de 2.000 mètres superficiels, emploie environ 300 ouvriers et ouvrières et dispose d'une force motrice de 65 chevaux-vapeur, actionnant des machines à imprimer, à emboutir, à sertir et à souder. Elle se propose la fabrication des produits divers servant à l'entretien de la chaussure, des articles de sellerie et des objets en cuivre, et celle des encres, enfin elle fabrique des boîtes embouties et serties de toutes dimensions, ainsi que les boîtes de conserves alimentaires, et différents articles de réclame. Elle exécute aussi des impressions à façon sur métal pour des tiers.

L'exportation représente environ le tiers du chiffre d'affaires total.

Industrie électrique. — *a. Accumulateurs, câbles électriques, lampes à arc.*— 1º Deux Sociétés ont pour but la fabrication d'accumulateurs électriques. La première, fondée en 1893 et remaniée en 1899, occupe, sur le quai de Clichy, un terrain de 5.200 mètres superficiels, dispose de 2 machines développant chacune 125 chevaux et emploie 125 ouvriers. Elle a pour objet, aux termes de ses statuts, la fabrication, la vente et l'exploitation de tous accumulateurs électriques et spécialement de l'accumulateur Fulmen, l'acquisition, l'exploitation et la vente de tous brevets ou licences relatifs aux accumulateurs, et d'une manière générale la production de tout ce qui se rapporte à l'industrie électrique, notamment dans son application aux transports automobiles. Elle trouve ses principaux débouchés, pour les 4/5 en France et pour le reste à l'étranger, chez les fabricants de batteries électriques pour l'allumage, pour les automobiles et pour la navigation sous-marine.

La deuxième Société, fondée à Puteaux en 1902, a été transférée à Clichy, rue Fournier, le 14 avril 1903. Elle occupe, à cet emplacement, un terrain de 2.570 mètres superficiels et y emploiera, après achèvement de son installation, 100 ouvriers (actuellement 35). Elle dispose pour sa fabrication de 2 machines de 150 chevaux chacune, mettant en mouvement plusieurs dynamos, une presse hydraulique, une pompe horizontale et un pétrisseur. Sa spécialité consiste dans la production d'accumulateurs brevetés, connus sous le nom d'accumulateurs Schmitt. Ses débouchés sont les mêmes que ceux de la maison précédente.

2º La fabrique de câbles électriques, établie rue des Chasses, a pour but principalement, comme son nom l'indique, la fabrication des câbles comportant toutes les applications possibles à l'électricité, ainsi que celle de câbles souterrains armés pour haute et basse tension, et aussi, comme les 2 maisons précédentes, celle des accumulateurs électriques. Cet établissement, qui, par le chiffre de ses affaires, est une des notables maisons de Clichy, emploie, suivant les saisons et le travail, un nombre variable d'ouvriers.

3º Nous signalerons une fabrique de lampes à arc, fondée en 1886, qui occupe, boulevard National, une superficie de 800 mètres et emploie 32 personnes. Cette maison trouve son principal débouché dans l'éclairage public des villes (Paris, Nantes, Agen, Boulogne-sur-Mer, Denain, Rouen, Évian-les-Bains, Bordeaux, Levallois, Saint-Mandé, etc.), dans les Compagnies de chemins de fer et dans les arsenaux, ainsi que dans les grands établissements industriels et commerciaux. Elle dispose d'une force motrice de 20 chevaux-vapeur et emploie exclusivement des machines électriques, soit comme génératrices, soit comme réceptrices.

b. Éclairage électrique. — La Société anonyme du « Nord-Lumière », dont le siège social est à Asnières, a fondé à Clichy, rue Honnet, une usine de transformation ouverte depuis le 1er octobre 1902, occupant un personnel de 30 ouvriers ou employés, et disposant, après 6 mois d'exploitation, d'une puissance de 100 kilowatts, destinée à être augmentée par la suite. Les transformateurs de l'usine à Clichy ont pour but d'abaisser la tension d'un courant triphasé de 5.500 volts et 25 périodes par seconde en un courant de 200 volts et 25 périodes. Le courant est reçu de l'usine du Triphasé établie à Asnières sur les bords de la Seine.

L'enregistrement du courant chez les abonnés se fait au moyen de compteurs dont le choix est basé sur l'exactitude des phénomènes électriques appliqués aux oscillations de deux pendules (type Aron).

La distribution se fait au moyen de canalisations aériennes en en bronze siliceux, sauf pour le circuit primaire à haute tension qui est constitué par un câble souterrain.

Éclairage au gaz. — 1º *Compagnie parisienne du gaz.* — L'usine de la Compagnie parisienne du gaz occupe à Clichy, sur les quais de la Seine, une superficie de 19 hectares, emploie 1.100 ouvriers et dispose d'une force motrice de 400 chevaux-vapeur. Les gazomètres, au nombre de 7, contiennent chacun 30.000 mètres cubes.

Voici, dans ses lignes générales, la disposition de l'usine 1 : les charbons sont amenés dans les parcs, soit par raccordement spécial

---

1. Cf. Compte rendu du 7ᵉ Congrès de la Société technique de l'industrie du gaz en France, p. 373-382.

avec la Compagnie de l'Ouest, soit par la Seine. Les batteries sont réparties dans 3 ateliers de mêmes dimensions, placés entre les voies ferrées du parc à charbon et les bâtiments contenant les instruments de broyage du coke. Toutes les batteries d'un atelier sont branchées sur une série de cheminées traînantes, reliées à une cheminée verticale unique, haute de 35 mètres au-dessus de la sole des fours. A sa sortie des fours, le gaz passe par des pipes montantes de 0 m. 162 de diamètre pour se rendre dans les barillets en tôle, puis au collecteur de l'atelier, qui reçoit le gaz de 480 cornues. Ensuite il est dirigé vers les condenseurs, au nombre de 4, et, une fois refroidi, est aspiré par 6 extracteurs (pompes à 3 cylindres mues directement par des pistons à vapeur).

Enfin, des condenseurs, le gaz se rend dans l'une des 4 salles d'épuration de l'usine, groupées 2 par 2 et reliées entre elles par des hangars d'étendage et de revivification. Les cuves (2 m. 50 sur 4 m. 50) sont au nombre de 128, représentant au total une surface épurante de 1.440 mètres carrés. D'autre part, les hangars de revivification mesurent 3.650 mètres. Au sortir des salles d'épuration, le gaz se rend dans les compteurs, rangés, au nombre de 10, dans une salle de 60 mètres de long et reliés par des canalisations de 0 m. 80 de diamètre. Enfin, les obturateurs étant ouverts, le gaz passe dans les gazomètres contenus dans des cuves en maçonnerie dont les fondations ont été abaissées à 2 mètres au-dessous du niveau de la Seine et pouvant emmagasiner ensemble 210.000 mètres cubes. Les cloches des gazomètres ont un diamètre de 55 mètres et une course de 13 mètres.

Tous les gazomètres sont reliés par des tuyaux d'articulation avec les canalisations d'entrée et de sortie. Les 3 tuyaux d'émission, de 1 mètre chacun, aboutissent au bureau d'émission.

Il convient, enfin, de signaler divers appareils accessoires, savoir : 3 citernes cubant ensemble 1.785 mètres, dont les murs de séparation se prolongent au-dessous du sol de l'usine, pour soutenir, au 1er étage, les réservoirs à goudron et à eau ammoniacale au nombre de 6, cubant ensemble 534 mètres, et, au 2e étage, 3 réservoirs à eau de puits et le réservoir à eau de Seine. Le goudron et l'eau ammoniacale emmagasinés dans les citernes et réservoirs peuvent atteindre 2.319 mètres cubes, soit le produit de 20 jours de la plus grande fabrication. Signalons, enfin, des salles de lavoir, vestiaires, hangars à cornues, forges, magasins, des cristallisoirs, séchoirs, chaudières à vapeur et toute une partie de l'usine réservéé au broyage, au classement, et à l'emmagasinage du coke. L'usine de Clichy possède 6 casse-coke pouvant broyer et bluter 25.000 hectolitres de coke.

Elle produit, par an, 98 millions de mètres cubes de gaz, répartis entre les villes d'Asnières, Clichy, Gennevilliers, Levallois-Perret, Neuilly-sur-Seine, Puteaux et Paris. Le gaz qu'elle envoie à Paris est mélangé avec celui des autres usines, toutes les canalisations étant reliés entre elles.

b. Industries diverses se rapportant au gaz. — Nous signalerons l'usine de la Compagnie du gaz Riché qui, fondée en 1900, a établi à Clichy, une usine occupant 14 ouvriers environ, et disposant d'une force de 10 chevaux en vue de la fabrication de gazomètres et gazogènes, dits antiréducteurs à double combustion. Il existe, en outre, un syndicat général du gaz d'alcool, fondé en 1902, quai de Clichy, sur un terrain de 4.000 mètres superficiels, et dont l'usine est en voie d'installation. Cette usine sera spécialement affectée à la fabrication d'appareils de carburation d'alcool et d'hydro-carbures pour l'éclairage et le chauffage par le gaz.

Carrosserie. — La carrosserie qui occupe, à Levallois-Perret, une place si prépondérante, n'est guère représentée à Clichy que par 2 maisons, fondées en 1850, et situées toutes deux boulevard National. La première, établie au n° 153, occupe une superficie de 2.400 mètres, dont 1.500 pour les ateliers et 900 pour les chantiers et magasins. Elle emploie 35 ouvriers à la construction de voitures de tous genres, telles que tapissières, fourgons, camions, omnibus, etc., ainsi que des voitures de luxe (bogheys, phaétons, coupés, mylords). Toutefois, sa spécialité consiste principalement dans la fabrication des voitures de teinturiers et en général des voitures pour tous les métiers se rattachant à l'industrie des tissus. Elle fournit également le ministère de la guerre, la Ville de Paris et de nombreux industriels de la région parisienne à laquelle d'ailleurs se limitent ses affaires. Cette maison, qui présente encore une notable importance, a toutefois légèrement souffert de l'extension du louage de voitures et de l'industrie de l'automobile à Levallois.

Le deuxième établissement, situé au n° 83, sur un terrain de 1.100 mètres, occupe 14 ouvriers. A la différence du précédent, il s'est à peu près exclusivement spécialisé dans la construction et la location des voitures industrielles et commerciales.

. *Industries diverses*. — Voici maintenant quelques indications sur diverses industries clichoises, non susceptibles de rentrer dans des catégories bien déterminées.

1º L'une, fondée en 1856, occupe, rue du Landy, une superficie de 2.000 mètres (20 ouvriers ; 6 chevaux-vapeur). Sa production consiste en *constructions rustiques :* treillage, paillassons et claies pour la couverture de serres, jardins d'hiver, vérandas, etc.

2º La Société anonyme, la Perle parisienne, fondée en 1890, occupe, rue du Landy, un terrain de 4.300 mètres dont les 2/3 sont couverts, dispose de 25 chevaux et emploie à Clichy 150 ouvriers et ouvrières (non compris 400 en province). Elle produit exclusivement des *perles canetilles*, *fleurs* et *feuillages artificiels*, en vue de la fabrication des couronnes funéraires. Il existe, en outre, un établissement analogue, mais moins important, route d'Asnières.

3º La manufacture de *caoutchouc* de la rue Kloch (1.712 mètres superficiels ; 70 chevaux-vapeur ; 20 à 22 ouvriers) a été fondée en 1895. Elle possède une spécialité de gommage à façon et produit toutes espèces de tissus imperméables.

Il existe, en outre, rue Martre, une fabrique de toiles imperméables, occupant 6 ouvriers et trouvant ses principaux débouchés chez les emballeurs et dans les entreprises maritimes.

4º Une *casserie* de sucre, fondée en octobre 1900, rue Vassou, sur un terrain de 1.000 mètres superficiels, occupe 50 ouvriers et dispose d'une force motrice de 25 chevaux. Ses matières premières proviennent, en grande partie, des Entrepôts des Magasins généraux.

5º Une fabrique, fondée en 1845, rue Kloch, produit des ganses et guipures pour passementerie et broderie, des soufflés et nervures pour chapellerie, des chenilles et nouveautés pour modes, des fantaisies pour sachets et cartonnages. Elle possède 20 métiers à bourdons et à chenilles et occupe de 40 à 45 ouvrières.

6º Mentionnons enfin, rue du Parc, une fabrique de balais pour cantonniers et de rouleaux-brosses pour balayeuses mécaniques, occupant de 3 à 6 ouvriers et un certain nombre de distilleries, dont quelques-unes, assez importantes.

B. Commerce.— Le commerce de Clichy, présentant sensiblement plus d'intérêt que dans la majorité des communes de la banlieue parisienne, nous diviserons son étude, comme celle de l'industrie, en plusieurs paragraphes, par catégories d'affaires.

a. Huiles et graisses.— Il existe un certain nombre de maisons assez importantes, s'occupant de la vente des huiles et graisses industrielles. Deux d'entre elles, établies rue de Neuilly, vendent principalement des huiles à graisser américaines et russes. La première, toutefois, fabrique aussi des graisses consistantes, ainsi qu'un produit végétal, appelé tartriphage, pour l'entretien des chaudières à vapeur. Elle occupe 7 ouvriers ou employés, et dispose d'une force motrice de 5 chevaux.

La seconde, qui présente une réelle importance, fait venir ses huiles minérales de Russie et d'Amérique et ses pétroles de Roumanie et d'Écosse. Ses huiles animales et végétales sont de provenance moitié étrangère, moitié française, à l'exception des huiles de résine qui viennent toutes de France. Elle trouve ses principaux débouchés dans les services d'assainissement de la Ville de Paris, dans les Compagnies de chemins de fer et d'électricité, ainsi que dans les usines particulières.

Enfin, mentionnons une 3e maison, rue des Bateliers, qui s'occupe, en outre, de la vente des couleurs et vernis pour l'industrie, la carrosserie et le bâtiment, ainsi que de celle des produits chimiques et de différents articles, tels que caoutchouc, courroies, etc.

b. Pétroles et essences. — La Société anonyme de Lille et Bonnières, dont les usines se trouvent à Lomme, dans le département du Nord, et à Bonnières, en Seine-et-Oise, possède à Clichy, rue de Neuilly, un important dépôt, fondé en 1877, et occupant environ 1.000 mètres carrés. Cet établissement, qui dispose, pour ses transports, de 20 à 30 chevaux et de 10 à 20 voitures, vend mensuellement, aux divers épiciers et marchands de couleur de la région, jusqu'à 450.000 hectolitres de pétrole et 170.000 hectolitres d'essence.

c. Alimentation. — Plusieurs maisons sont consacrées au commerce en gros de l'alimentation. L'une, située rue Martre et fondée en 1872 (5 voitures et 12 chevaux, pour les transports), vend par jour, en moyenne, 80.000 œufs, 600 kilogrammes de beurre et 200 de fromage. Pour le lavage du beurre, elle emploie une force motrice de 10 chevaux, fournie par le secteur d'Asnières.

Un entrepôt de café est établi, depuis 1890, sur un terrain de 3.000 mètres superficiels, situé quai de Clichy, en vue de la torréfaction et de la vente en gros de cafés des Antilles (3.600 kilogrammes par semaine environ). Cet établissement reçoit également, en dépôt, les vins et diverses denrées alimentaires. Signalons encore un dépôt de vinaigre, huiles, pâtes et moutarde, rue Bonnet; un dépôt d'eau de Seltz et d'eaux minérales, rue des Cailloux, et une vinaigrerie, fondée en 1902, passage Abel-Varet. Enfin, mentionnons à nouveau la savonnerie du Prieuré, étudiée plus haut au titre de l'industrie, et qui doit être également signalée, au point de vue commercial, pour ses importations de viandes de Chicago et de fruits secs de Californie.

d. Bières.— Il existe, à Clichy, à l'angle du boulevard de Lorraine et du quai, une importante maison de bières, seule concessionnaire de la brasserie de Charmes, dans les Vosges, et de diverses brasseries situées tant à Munich et à Culmbach, en Bavière, qu'à Pilsen, en Autriche. Cette maison, fondée en 1897, occupe une superficie de 3.000 mètres, dispose d'une force motrice de 120 chevaux effectifs, et d'un personnel qui s'élève, en été, à 40 ou 45 ouvriers. Enfin, elle fabrique elle-même la glace, qu'elle livre à la consommation, à l'aide de 3 compresseurs. La quantité approximative de bière sortie de la maison, en 1902, s'est élevée à 20.000 hectolitres environ, dont un dixième vendu à l'étranger, et la quantité de glace, à 30.000 tonnes.

e. Divers. — Il convient encore de signaler, à des titres divers :
1° Une entreprise de charpente, fondée en 1888, rue Martre, sur un terrain de 4.000 mètres superficiels (10 à 30 ouvriers, vente annuelle : 150 tonnes de fer et 2.000 à 2.500 mètres cubes de bois);
2° Le dépôt de la Société anonyme des chaux hydrauliques et ciments de l'Aube (800 mètres superficiels), établi en 1894, sur le quai de Clichy, pour la vente, dans la région parisienne, des chaux hydrauliques et du ciment Portland, fabriqués dans ses usines d'Ancy-le-Franc (Yonne), de Mussy-sur-Seine et de Ville-sous-Laferté (Aube).
Enfin, mentionnons un important entrepôt de bois et charbons, établi rue du Parc, depuis 1892, sur un terrain de 12.000 mètres superficiels (12 chevaux-vapeur et 100 ouvriers employés au concassage, au criblage et à l'épierrage des combustibles minéraux (anthracites et charbons de terre), ainsi qu'au sciage, par la vapeur, des bois à brûler.
Il existe, en outre, dans la commune, 7 maisons de bois ou de

charbons d'importance diverse, un certain nombre de négociants en vins et 6 marchands de café.

Magasins généraux. — La Compagnie des Entrepôts et Magasins généraux de Paris possède, à Clichy, un entrepôt pour la réception des marchandises libres, et un entrepôt d'octroi avec embranchement sur la gare de Batignolles-Ouest. La superficie totale de l'établissement est de 12.352 mètres carrés.

Les marchandises entreposées consistent exclusivement en grains et farines.

Le mouvement commercial de 1902 résulte du tableau statistique suivant :

Entrées . . . . 4.731.060 kilogrammes
Sorties . . . . 5.510.244 —
Stock maximum . . . 3.570.109 —
Nombre de warrants délivrés : 140.

Meunerie. — La meunerie est représentée, à Clichy, par un important établissement, fondé rue Martre, en 1882, sur un terrain de 700 mètres superficiels (80 chevaux-vapeur, 14 paires d'outils-cylindres, 17 employés et ouvriers, 4 porteurs et 10 chevaux). Cet établissement produit mensuellement 1.800 kilogrammes d'issues de mouture, 2.100 kilogrammes de farine et 400 kilogrammes d'avoine, vendus à Paris et dans la banlieue. La force motrice est fournie par une dynamo. Les blés proviennent de l'Oise et de Seine-et-Marne.

Bains et lavoirs. — On peut signaler :

1° Un bateau-lavoir sur la Seine entre le pont du chemin de fer de l'Ouest et celui d'Asnières.

2° Deux lavoirs importants, situés respectivement rue de Neuilly et boulevard National (ce dernier fonctionne à l'électricité et comporte en outre un établissement de bains).

3° Un établissement, spécialement réservé aux bains, situé place des Fêtes.

Agriculture. — La ville de Clichy, étant actuellement exclusivement industrielle, ne publie plus aucune statistique agricole.

IV. — RENSEIGNEMENTS DIVERS

———

Fête locale. — La fête locale se tient sur la place des Fêtes, du dernier dimanche de mai au deuxième de juin.

Œuvres privées d'assistance. — a. Fondations Saint-Vincent-de-Paul. — L'établissement dirigé par les sœurs de Saint-Vincent-de-Paul, dont la maison principale se trouve à Paris, rue du Bac, n° 140, est situé, à Clichy, rue Martre, n° 84, sur un terrain donné à la communauté, en 1830, par M. Houdard.

Il comprend :

1° Une crèche, recevant environ de 40 à 50 enfants de 15 jours à 3 ans.

2° Un asile (école maternelle et enfantine), fréquenté par 300 enfants environ, dont 100 ou 150, pris parmi les plus pauvres, reçoivent gratuitement un repas par jour.

3° Une école de filles (v. plus loin p. 159).

4° Un fourneau économique qui délivre, aux enfants fréquentant l'école, de 200 à 300 portions par jour. Ces portions sont payées, soit en bons de fourneau, d'une valeur de 0 fr. 10 chacun, soit en argent. En outre, 20 femmes indigentes et âgées de plus de 60 ans reçoivent une soupe gratuitement.

5° Enfin, il existe, dans l'établissement, un asile de vieillards femmes ; ces dernières y sont admises sans limite d'âge, mais en bonne santé ; elles sont au nombre de 25 et payent une pension de 800 francs à 1.000 francs. Elles sont nourries, blanchies, chauffées et éclairées, et reçoivent les soins du médecin ainsi que les médicaments. Elles sont entièrement libres, sous la condition toutefois de rentrer à 8 heures du soir, sauf en cas de permission de la supérieure.

Il convient également de signaler, comme se rattachant à la fondation, une pharmacie libre, qui délivre gratuitement, aux pauvres, des médicaments. De plus, des visites à domicile sont faites par 5 sœurs de l'établissement, dans le but de porter quelques menus secours aux malades.

b. Fondation Gouin (dispensaire-hôpital).— La fondation Gouin, n° 2, rue des Bournaires, et n° 92, rue du Bois, se rattache aux œuvres de la Société philanthropique, fondée en 1780, et reconnue d'utilité publique en 1839, dont le siège social se trouve, à Paris, rue des Bons-Enfants, n° 21. Son origine, à Clichy, remonte au mois de juin 1896.

Cet établissement comprend 1 dispensaire gratuit et 1 hôpital chirurgical. Le premier comporte 5 services de consultations, savoir :

1° Celui de chirurgie (consultations les lundis, mercredis et vendredis, de 9 heures et demie à 11 heures) ; entrée de 9 heures à 10 heures ;

2° Celui de médecine, les mardis, jeudis et samedis, aux mêmes heures ;

3° Celui des maladies de la bouche et des dents, le dimanche, de 8 heures et demie à 9 heures et demie ;

4° Celui de laryngologie (maladies du larynx, du nez et des oreilles), le vendredi, à 3 heures ;

Enfin, celui des maladies des yeux (consultations tous les mardis, à 9 heures et demie).

Pendant l'exercice 1901-1902, le service de chirurgie a donné 12.757 consultations et pratiqué 21.515 pansements ; celui de médecine, 4.514 consultations ; le service d'ophtalmologie, 2.167 consultations et 8.307 pansements ; celui de laryngologie, 1.933 consultations et 3.276 pansements ; enfin, le service dentaire a donné 2.256 consultations.

L'hôpital, d'autre part, est gratuit en ce qui concerne les opérations, soins, pansements et médicaments divers. Un droit de 2 fr. 50 par jour est perçu pour le séjour dans les dortoirs, et de 6 francs pour le séjour dans les chambres. Les journées d'entrée et de sortie sont dues à l'établissement. Le nombre des malades, admis à l'hôpital pendant l'exercice 1901-1902, s'est élevé à 396, et le nombre des journées de traitement, à 8.354, soit une augmentation, sur l'année précédente, de 104 malades et de 1.111 journées.

L'hôpital contient 2 grands dortoirs où sont installés 10 lits fixes pour hommes, 10 pour femmes, et 4 lits d'enfants. Il existe, en outre, des chambres particulières qui contiennent, en tout, 8 lits pour femmes, 8 pour hommes, et 4 pour enfants. En cas d'urgence, l'établissement pourrait, d'ailleurs, ajouter quelques lits provisoires. La Société philanthropique fait construire actuellement un nouveau pavillon qui contiendra 4 lits destinés aux hommes.

Une sœur supérieure, appartenant à la Congrégation de Saint-Joseph de Cluny, est chargée de l'administration intérieure du dispensaire et de l'hôpital. Elle a, sous ses ordres, 10 sœurs infirmières, dont 1 fait fonction de sous-directrice, 2 internes, 2 infirmiers (dont 1 remplit aussi les fonctions de gardien et de jardinier), et 5 ou 6 femmes de service à la journée, suivant les besoins.

Écoles privées.— La situation de l'enseignement privé, à Clichy, résulte du tableau suivant :

a. 2 écoles maternelles : 1º École laïque, rue Kloch (2 classes maternelles, fréquentées en 1901-1902 par 191 enfants au-dessous de 6 ans, dont 101 garçons et 90 filles, et par 9 enfants au-dessus de 6 ans, dont 4 garçons et 5 filles) ;

2º École congréganiste des sœurs de Saint-Vincent-de-Paul, rue Martre (2 classes enfantines et 1 maternelle, fréquentées en 1901-1902, par 295 enfants au-dessous de 6 ans, dont 144 garçons et 151 filles, et 100 enfants au-dessus de 6 ans, dont 40 garçons et 60 filles).

b. Enseignement primaire :

DÉSIGNATION des ÉCOLES	PERSONNEL enseignant		NOMBRE DE CLASSES			NOMBRE D'ÉLÈVES ayant fréquenté l'école pendant L'ANNÉE 1901-1902			
	Instituteurs ou institutrices	Adjoints ou adjointes	Enfantines	Primaires élémentaires	Primaires supérieures	De moins de 6 ans	De 6 à 13 ans	De plus de 13 ans	TOTAL
A. — ÉCOLE DE GARÇONS LAIQUE									
Rue Kloch, n° 17	1	1 ad-jointe	»	2	»	»	76	2	78
B. — ÉCOLES DE FILLES LAIQUES									
1° Rue Kloch, n° 15	1	1	»	2	»	»	113	3	116
2° Boulevard National, n° 93	1	4	1	3	»	21	49	10	80 .
3° Rue de Paris, n° 113 . .	1	3	1	1	»	13	41	8	62
4° Boul. Victor-Hugo, n° 88	1	1	1	1	»	6 dont 4 garç.	7	5	18 dont 4 garç.
5° Rue du Landy, n° 65 . .	1	1	1	1	»	17 dont 9 garç.	16 dont 3 garç.	»	33 dont 12 garç.
6° Rue de Paris, n° 93 . . .	1	»	1	1	»	6 .	13	»	19
C. — ÉCOLE MIXTE									
Rue de Paris, n° 99	1 insti-tutri<	»	1	»	»	6 garç. 2 filles	4 garç.	»	12 dont 2 filles
D. — ÉCOLE DE GARÇONS CONGRÉGANISTE									
Ruc du Réservoir	1	5	»	5	»	»	330	24	354
E. — ÉCOLE DE FILLES CONGRÉGANISTE									
Rue Martre	1	9	»	9	»	»	530	50	580

Société coopérative. — L'Économie sociale de Clichy, dont le siège se trouve rue Martre, n°s 35 et 37, doit être signalée comme une des plus importantes Sociétés coopératives de consommation de la banlieue parisienne.

Cette Société, fondée pour 99 ans, en décembre 1884, au capital de 200.000 francs, comprend des membres actionnaires et des membres adhérents. Les actions, au nombre de 4.000, sont de 50 francs chacune. On devient adhérent en faisant un versement égal au moins au dixième de l'action, c'est-à-dire à 5 francs.

Le montant du droit d'entrée payé par l'adhérent est inscrit à son compte individuel, auquel s'ajoute sa part annuelle dans les bonis. Au décès d'un sociétaire, sa veuve continue à faire partie de la Société, sans autre formalité.

L'administration se compose de 15 membres nommés par l'assemblée générale, parmi les actionnaires ayant déjà 6 mois d'admission, et ayant effectué, dans le semestre précédant l'élection, une dépense supérieure à 100 francs. Le Conseil d'administration se réunit au moins une fois par semaine, au siège de la Société. L'assemblée générale élit, en outre, une Commission de contrôle composée de 15 membres, dont le mandat dure 18 mois. Enfin, elle-même se réunit tous les semestres, en février et en août.

La situation financière de la Société résulte suffisamment du bilan suivant, relatif au deuxième semestre de l'année 1902.

I. — Épicerie, Boulangerie, Cave et divers

Marchandises en magasin le 31 décembre 1902	75.325,53	
Marchandises distribuées pendant le semestre	408.747,10	487.622,53
Recettes diverses.	3.549,90	
Marchandises en magasin le 30 juin 1902	74.479,12	423.025,72
Marchandises achetées pendant le semestre	348.546,60	
Bénéfice brut		64.596,81

Soit 15,80 %.

II. — Charcuterie

Marchandises en magasin le 31 décembre 1902	3.301,48	
Marchandises distribuées pendant le semestre	76.804,65	80.156,53
Recettes diverses.	50,40	
Marchandises en magasin le 30 juin 1902	4.269,53	67.381,33
Marchandises achetées pendant le semestre	63.111,80	
Bénéfice brut		12.775,20

Soit 16,63 %.

III. — *Boucherie*

Marchandises en magasin le 31 décembre 1902	892,68	
Marchandises distribuées pendant le semestre	72.328,25	74.265,48
Recettes diverses	1.044,55	
Marchandises en magasin le 30 juin 1902	440,50	69.242,60
Marchandises achetées pendant le semestre	68.802,10	

BÉNÉFICE BRUT . *. 5.022,88

Soit 6,94 °/°.

IV. — *Confection*

Marchandises en magasin le 31 décembre 1902	48.071,02	
Marchandises distribuées pendant le semestre :		66.406,47
Comptant 14.543,20	18.241,55	
Crédit 3.698,35		
Recettes diverses.	93,90	
Marchandises en magasin le 30 juin 1902	44.583,25	63.437,65
Marchandises achetées pendant le semestre	18.854,40	

BÉNÉFICE BRUT . . . . ; . 2.968,82

Soit 16,27 °/°.

V. — *Chaussures*

Marchandises en magasin le 31 décembre 1902	26.560,33	
·Marchandises distribuées pendant le semestre :		43.693,58
Comptant 15.508,60	17.133,25	
Crédit 1.624,65		
Marchandises en magasin le 30 juin 1902	27.490,11	41.270,96
Marchandises achetées pendant le semestre	13.780,85	

BÉNÉFICE BRUT 2.422,62

Soit 14,13 °/°.

BÉNÉFICE BRUT TOTAL 87.786,33

Soit 14,79 °/°.

A ajouter :

Escomptes et rabais		2.555,35
Crédit du compte « Frais généraux » :		
Livraison à domicile	603,85	
Portage du pain	940,95	
Indemnités de Compagnie d'assurances	92,50	1.822,70
Frais de transferts remboursés .	45,15	
Timbres d'actions remboursés . . .	140,25	
Prélèvement sur bonis non réclamés		4.601,32
		96.765,70

A retrancher :

Frais généraux (débit du compte)		42.805,55
Intérêts des actions		2.100 »
— des obligations 1895		650 »
— — 1898		2.400 »
— — 1900		750 »
Amortissement { du matériel . . . 1.814,36 { de son entretien . 1.751,70		3.566,06
		52.271,61
BÉNÉFICE NET		44.494,09

Le montant des marchandises distribuées étant de 593.254,60
Le taux du trop-perçu ressort à 7,50 %.

RÉPARTITION DES BÉNÉFICES

Fonds de réserve (20 parts) . . . . 8.898 fr. 82, soit 1,50 %.
Restitution aux sociétaires (80 parts) . . . . 35.595 fr. 27, soit 6 » %.

Effectif de la Société

Nombre de sociétaires consommant au 1ᵉʳ juillet 1902   3.499 »
Adhésions du semestre . . . . 123)
Démissions du semestre . . . . 179)   56 »

Effectif au 31 décembre 1902 . . . . . 3.443 »

Détail des frais généraux

DÉSIGNATION	1er SEMESTRE 1902	2e SEMESTRE 1902	DIFFÉRENCE EN PLUS	DIFFÉRENCE EN MOINS
Personnel.	35.166,55	34.996,85	» »	169,70
Gaz	3.278,90	3.272,40	» »	6,50
Eau	571,90	709,55	137,65	» »
Imprimés, fournitures de bureau. .	1.441,65	625,70	» »	815,95
Pourboires.	149,15	155,75	6,60	» »
Blanchissage.	583,55	560,70	» »	22,85
Contributions	691,65	784,35	92,70	» »
Assurances	800 »	670,60	» »	129,40
Timbres-poste.	119,40	159 »	39,60	. » »
Courses, délégations.	18,30	26,80	8,50	» »
Téléphone (abonnement).	209,10	209,90	» 80	» »
Timbres d'actions	180 »	» »	» »	180 »
Affûtages, scies et couteaux. . . .	» »	135,60	135,60	» »
Sciure.	» »	173,75	173,75	» »
Divers.	481,35	324,60	» »	156,75
TOTAUX . . .	43.691,50	42.805,55	595,20	1.481,15

Bourse du travail et syndicats. — Il existe à Clichy une Union de syndicats, dite Bourse du travail, comprenant les syndicats suivants :

1º Groupe fraternel des peintres en bâtiment de Clichy, rue Martre, nº 31 ; 32 membres (créé en 1890) ;

2º Corporation syndicale de Saint-Vincent-de-Paul de Clichy-la-Garenne (comprenant les syndicats des patrons, employés et ouvriers) : 1º du livre ; 2º de l'habillement ; 3º de l'alimentation ; 4º du bâtiment ; 5º des transports.

Il existe, en outre, 3 syndicats distincts pour les patronnes, employées et ouvrières du livre, de l'habillement, de l'alimentation (Union fondée rue de Neuilly, nº 14, le 17 août 1891, actuellement transférée rue du Landy, nº 7).

Les syndicats professionnels libres, qui ont, jusqu'à cette date, déposé leurs statuts à la mairie, conformément aux prescriptions de la loi du 21 mars 1884, sont les suivants :

1º Chambre syndicale des patrons blanchisseurs de Clichy, rue des Bournaires, nº 38 (créée en 1903), 45 membres ;

2º Syndicat des marchands de beurre, œufs et volailles,

crémiers, fruitiers en détail et métiers similaires, boulevard National, n° 108 (créé en 1901), nombre de membres illimité ;

3° Chambre syndicale des marchands ambulants, n° 21, rue de Neuilly (créée en 1901), 26 membres ;

4° Union syndicale des ouvriers et ouvrières des industries du livre (créée en 1903) ;

5° Fédération nationale des chauffeurs-constructeurs-mécaniciens et automobilistes de France (section d'Asnières-Clichy-Levallois), route d'Asnières, n° 38 (créée en 1903), 23 membres ;

6° Syndicat des ouvriers et ouvrières de l'industrie sucrière de Clichy-Saint-Ouen, n° 15, rue d'Alsace (créé en 1901), 450 membres ;

7° Syndicat de la boulangerie de la région de Clichy, rue de Paris, n° 99 (créé en 1900), 25 membres ;

8° Chambre syndicale des ouvriers charretiers et débardeurs de charbonnage du département de la Seine, rue du Réservoir, n° 10 (créée en 1898), 20 membres ;

9° Chambre syndicale ouvrière des machines élévatoires de l'assainissement de la Seine, rue des Chasses, n° 48 (créée en 1896);

10° Association syndicale des travailleurs du livre de Clichy-Levallois et Asnières, n° 26, route d'Asnières (créée en 1894);

11° Chambre syndicale des ouvriers blanchisseurs de Clichy, n° 31, rue Martre (créée en 1896) ;

12° Syndicat ouvrier des garçons blanchisseurs et benziniers de Clichy-la-Garenne, à la mairie de Clichy (créé en 1891) ;

13° Les Enfants de Denys-Papin (Société professionnelle de chauffeurs-conducteurs-mécaniciens), boulevard National, n° 91 (créée en 1894).

Banques et établissements financiers. — Succursale de la Société générale pour favoriser le développement du commerce et de l'industrie en France, boulevard National, n° 93.

Sociétés diverses. — 1° Association philotechnique, rue Villeneuve, n° 15 ;

2° L'Avenir (secours mutuels), rue Palloy, n° 12 ;

3° Cercle choral, boulevard National, n° 131 ;

4° Cycle Bigotphoniste de Clichy, boulevard National, n° 25;

5° Dotation de la Jeunesse de France, rue de Paris, n° 13 ;

6° L'Espoir, Société de tempérance, boulevard National, n° 93 ;

7° La France prévoyante, boulevard National, n° 106 ;

8° Harmonie municipale, boulevard National, n° 153 ;

9° Prévoyants de l'Avenir (25ᵉ section), boulevard National, n° 100 ;

10° Société des Anciens Combattants de 1870, rue de Paris, n° 13 ;

11° Société de gymnastique la Vaillante, boulevard National, n° 93 ;

12° Société d'instruction militaire et de tir la Française, rue Villeneuve, n° 1 ;

13° Société lyrique et philharmonique l'Étoile, boulevard National, n° 162 ;

14° Société des médaillés coloniaux, rue de Neuilly, n° 66 ;

15° Société mutuelle de retraites la Sécurité de la vieillesse, rue de Neuilly, n° 18 ;

16° Société de secours mutuels de Clichy, rue du Réservoir, n° 12 ;

17° Société de secours mutuels des Ouvriers réunis, rue de Paris, n° 84 ;

18° Société de secours mutuels des tailleurs sur cristaux, rue Madame-de-Sanzillon, n° 71 ;

19° Union chorale, rue Curton, n° 7 ;

20° Université populaire de Clichy, rue de Paris, n° 8.

Médecins, pharmaciens, vétérinaires, sages-femmes.— 10 médecins, 10 pharmaciens, 3 vétérinaires, 8 sages-femmes.

ANNEXES

CONSEIL MUNICIPAL (1903)

MM. LARUELLE, maire.
NUNZI, 1er adjoint.
BROSSARD, 2e adjoint.
MOREL, conseiller.
VARET —
LOUISMET —
MARQUEZ —
LESSERÉ —
BRAUX —
RIVET —
PORCHER —
DUMAS —
DUPONT —
BIENVENU —
MATHIEU —

MM. GABRIEL, conseiller.
DURAND —
DUTOIT —
VERDIER —
LEROY —
PILON —
BACHELET —
BRÉZILLON —
ASTORG —
EUSTORGE —
GAUDIER —
MALHAUTIER —
BAUER —
MESLIER —

TARIF DES CONCESSIONS DE TERRAIN

DANS

LE CIMETIÈRE

(Exécution de la délibération du Conseil municipal du 8 novembre 1892, approuvée
par décision préfectorale du 27 décembre 1892)

INDICATION de la CONCESSION	CONCESSION			FRAIS DE			TOTAL des COLONNES 4 ET 7
	COUT	Timbre du receveur municipal	TOTAL	TIMBRE	ENREGIS-TREMENT	TOTAL	
1	2	3	4	5	6	7	8
ADULTES							
10 ans	75 »	» 25	75,25	4,35	» 32	4,67	79,92
30 ans	250 »	» 25	250,25	4,35	13 »	17,35	267,60
Perpétuité	600 »	» 25	600,25	4,35	30 »	34,35	634,60
ENFANTS							
10 ans	37,50	5	37,75	4,35	» 32	4,67	42,42
30 ans	125 »	» 25	125,25	4,35	7 »	11,35	136,60
Perpétuité	300 »	» 25	300,25	4,35	15 »	19,35	319,60

TARIF DU CAVEAU PROVISOIRE COMMUNAL

(Délibération du 20 septembre 1883, approuvée le 16 octobre suivant)

Par jour pendant le 1er mois. . . . . 1 franc
Par jour pendant le 2e mois. . . . 2 —
Par jour pendant le 3e mois. . . . . 3 —

Au delà de ce laps de temps, l'administration se réserve le droit de traiter avec les familles.

TARIF DES DROITS DE VOIRIE

(Délibération du Conseil municipal du 15 novembre 1883, approuvée par arrêté
de M. le Préfet de la Seine, en date du 12 avril 1884)

CONSTRUCTIONS NEUVES

Alignement

Par mètre de surface de façade :

1° En maçonnerie	o fr. 45
2° En pans de bois.	1 fr. »
3° De mur ou grille de clôture.	o fr. 45

EXHAUSSEMENT

1° De bâtiment, par mètre superficiel de façade. .	o fr. 45
2° De mur de clôture, par mètre superficiel de façade.	o fr. 45
3° Conversion d'un mur de clôture en bâtiment ou appentis.	o fr. 45

Les droits déjà perçus sur le mur utilisé seront déduits.

SAILLIES FIXES

Grand balcon, par mètre linéaire.	7 fr. »
Petit balcon, droit fixe.	1 fr. »
Perron, droit fixe.	10 fr. »
Colonne ou pilastre, droit fixe.	3 fr. »
Barreaux, par ouverture, droit fixe.	o fr. 70
Barre isolée ou engagée, droit fixe.	1 fr. »
Couronnement, par mètre linéaire.	1 fr. »
Corniche, par mètre linéaire	1 fr. »
Entablement, par mètre linéaire.	1 fr. »
Parement-décoration, droit fixe.	3 fr. »
Gargouille, droit fixe.	1 fr. »
Tuyau pour eaux pluviales, etc., droit fixe.	1 fr. x

Pour le remplacement desdits objets, il est perçu un demi-droit.

SAILLIES MOBILES

Abat-jour de 0 m. 30, droit fixe.	1 fr.	»
Abat-jour d'une portée supérieure et jusqu'à 1 m. 50, droit fixe.	25 fr.	»
Auvents de fenêtre, droit fixe.	1 fr.	50
Auvents de porte (marquise), droit fixe.	25 fr.	»
Auvents de boutique, par mètre linéaire.	1 fr.	»
Stores, bannes, tentes, par mètre linéaire.	1 fr.	»
Devanture de boutique, par mètre linéaire. . . .	1 fr.	50
Échoppe de menuiserie, par mètre linéaire. .	1 fr.	»

ARTICLES DIVERS

Fermeture de fenêtre, droit fixe.	1 fr.	»
Fermeture de porte, droit fixe.	2 fr.	»
Fermeture de boutique, droit fixe.	5 fr.	»
Jalousies, volets, persiennes, droit fixe.	1 fr.	»

TRAVAUX OU RÉPARATIONS

Ouverture de baies

De porte cochère ou charretière, droit fixe. . . .	6 fr.	»
De porte bâtarde, droit fixe.	4 fr.	»
De boutique, droit fixe	10 fr.	»
De fenêtre, droit fixe	2 fr.	50
Chaperon de clôture refait entièrement, le mètre linéaire	0 fr.	20
Chaperon de clôture refait en partie, le mètre linéaire	0 fr.	15
Bouchement de crevasses, droit fixe.	3 fr.	»
Jambe étrière, pied droit, droit fixe.	2 fr.	»
Linteau, droit fixe	1 fr.	»
Trumeau, droit fixe.	1 fr.	»
Poitrail pan de bois, droit fixe.	3 fr.	»
Ravalement, par mètre superficiel de façade. . . .	0 fr.	10
Ravalement de mur de clôture, par mètre superficiel de façade.	0 fr.	05
Reprises en sous-œuvre, par mètre linéaire. . . .	1 fr.	»

Reconstruction partielle d'un mur de face, y compris le bouchement de baies

Au rez-de-chaussée, par mètre superficiel de façade.	o fr. 40
Au-dessus du rez-de-chaussée, droit fixe.	3 fr. »
D'un mur de clôture, par mètre superficiel de façade.	o fr. 25

DROITS ACCESSOIRES

Échafaudage, par mètre linéaire.	2 fr. »
Chevalement, droit fixe.	3 fr. 5o
Étai, droit fixe	3 fr. 5o
Contre-fiche, droit fixe.	3 fr. 5o
Barrière pour construction, par mètre linéaire et par mois.	o fr. 5o
Dépôt de matériaux autorisé, par mètre superficiel et par mois.	o fr. 3o

OBSERVATIONS GÉNÉRALES

Tout remplacement d'objets faisant partie de la construction, comme accessoires ou y attenant, est passible d'un demi-droit.

On ne peut taxer moins d'un mètre dans tous les cas où cette mesure est admise comme unité de droit ; toute fraction de mètre est comptée pour un mètre.

Tout mois commencé est dû en entier.

TARIF DE L'OCTROI

(Délibérations du Conseil municipal en date des 11 avril, 10 juin et 25 juillet 1899, approuvées par décret du 30 décembre suivant)

OBJETS ASSUJETTIS AUX DROITS	MESURES et POIDS	DROITS A PERCEVOIR		
		TAXES PRINCIPALES	TAXES SPÉCIALES	TOTAL
Boissons et liquides				
Vins en cercle et en bouteilles.	l'hectolitre	1,50	0,50	2 »
Cidres et poirés.	—	0,40	0,75	1,15
Alcool pur contenu dans les eaux-de-vie, absinthes, esprits, liqueurs et fruits à l'eau-de-vie. .	—	38,50	12 »	50,50
Bières.	—	3 »	»	3 »
Vinaigres de toutes espèces	—	2 »	1 »	3 »

Pour la perception, la bouteille commune est considérée comme litre et la demi-bouteille comme demi-litre, en ce qui concerne les vins, cidres et poirés (Art. 145 de la loi du 28 avril 1816).

Les eaux-de-vie, esprits et liqueurs sont imposables d'après la capacité réelle des bouteilles (Art. 9 de la loi du 27 juillet 1870). Il en est de même des bières, vinaigres et autres liquides (Circulaire n° 519 du 1er mars 1889).

Les vermouts, vins de liqueur ou d'imitation ne sont pas assujettis à la taxe afférente aux vins; ils sont imposés pour leur force alcoolique totale, avec un minimum de perception de 15 degrés pour les vermouts et de 15 degrés pour les vins de liqueur ou d'imitation et sont passibles des demi-droits de consommation, d'entrée et d'octroi jusqu'à 15 degrés et des droits pleins au-dessus de 15 degrés (Art. 21 de la loi du 13 avril 1898).

Les vins autres que ceux désignés au § précédent, qui présentent une force alcoolique supérieure à 15 degrés sont imposables comme vins et passibles, en outre, du double droit de consommation, d'entrée et d'octroi, pour la quantité d'alcool comprise entre 15 et 21 degrés; s'ils titrent plus de 21 degrés, ces vins sont imposés comme alcool pur (Art. 3 de la loi du 1er septembre 1871).

Les vendanges et les fruits à cidre ou à poiré seront soumis aux droits, à raison de 3 hectolitres de vendange pour 2 hectolitres de vin, et de 5 hectolitres de pommes ou poirés pour 2 hectolitres de cidre ou de poiré.

Les raisins secs destinés à la fabrication du vin seront imposés dans les villes sujettes au droit d'entrée à raison de 100 kilogrammes pour 3 hectolitres de vin (Loi du 17 juillet 1819, art. 12). Les fruits secs destinés à la fabrication du cidre ou du poiré seront imposés à raison de 25 kilogrammes de fruits pour 1 hectolitre de cidre ou de poiré.

Les eaux-de-vie ou esprits altérés par un mélange autre que l'un de ceux déterminés par le Comité des arts et manufactures sont soumis au même droit que les eaux-de-vie ou esprits purs.

L'acide acétique, les vinaigres concentrés et tous les liquides qui, étendus, peuvent être employés comme vinaigres ordinaires, seront imposés à raison de la quantité qu'ils en peuvent produire.

OBJETS ASSUJETTIS AUX DROITS	MESURES et POIDS	DROITS A PERCEVOIR		
		TAXES PRINCIPALES	TAXES SPÉCIALES	TOTAL
Comestibles				
Viande de bœuf, vache, taureau, génisse, veau, mouton et agneau.	100 kil.	5 »	»	5 »
Viande fraîche de porc.	—	6 »	»	6 »
Charcuterie, lard et viandes salées.	—	7 »	»	7 »
Volailles de toutes espèces.	le kil.	0,05	0,10	0,15
Lapins domestiques.	par tête	0,05	0,10	0,15
Gibier de toutes espèces.	le kil.	0,10	0,15	0,25
Huîtres fraîches ou marinées	100 kil.	3 »	2 »	5 »

Aucune déduction ne sera faite, sur le poids des animaux abattus de toute espèce, pour la peau qui y serait encore adhérente, ni pour les abats et issues qui n'en auraient point été séparés.

Pour la perception des droits sur la volaille, le gibier et les lapins domestiques, les calculs de conversion auront lieu d'après la moyenne de poids établie par le décret du 12 février 1870.

Les huîtres d'Ostende et de Marennes payeront double droit.

Combustibles				
Bois à brûler, essence dure.	le stère	0,80	0,20	1 »
— — tendre.	—	0,80	»	0,80
Fagots et cotrets.	le cent	0,35	0,35	0,70
Charbon de bois et ses dérivés	l'hectol.	0,20	0,10	0,30
Charbon de terre, tourbe, anthracite, lignite et tous les autres combustibles minéraux.	100 kil.	0,20	0,10	0,30
Coke	l'hectol.	0,10	0,05	0,15
Huiles à brûler minérales.	—	3 »	»	3 »
Bougies de toutes espèces.	le kil.	»	0,10	0,10

Sont considérés comme bois durs, pour la perception : le chêne, l'orme, le charme, le frêne, le hêtre, l'acacia, le noyer, le châtaignier, le pommier, le poirier, le cormier, le prunier, le cerisier, le cornouiller, l'épine, le platane et le buis; les autres sont considérés comme bois tendres. Tout bois scié sur une longueur de 1 m 13, et ayant 0 m 16 de circonférence est considéré comme bois à brûler et acquitte le droit en conséquence. Les bois ou planches de déchirage seront imposés comme bois à brûler tendre.

Pour la perception, le poids moyen du charbon de bois est de 20 kilogrammes pour 1 hectolitre.

Le coke fabriqué à l'intérieur avec du charbon qui aura payé le droit sera affranchi de la taxe.

Fourrages				
Foin, sainfoin, trèfle, luzerne et autres fourrages	100 bottes	1 »	1 »	2 »
Paille de toutes espèces.	—	1 »	0,50	1,50
Avoine	100 kil.	0,85	0,40	1,25
Son, recoupe et toutes autres issues de mouture.	—	0,90	0,10	1 »

OBJETS ASSUJETTIS AUX DROITS	MESURES et POIDS	DROITS A PERCEVOIR		
		TAXES PRINCIPALES	TAXES SPÉCIALES	TOTAL
Fourrages (*Suite*)				
Maïs, drêches et pulpes sèches.	100 kil.	»	0,50	0,50

Le droit se perçoit sur le nombre total des bottes, sans aucune déduction ni tolérance ; en cas d'introduction de fourrage non bottelé, le droit sera perçu au poids dans la proportion de la taxe ci-dessus. Le poids ordinaire de la botte de paille ou de foin est de 5 kilogrammes.

Lorsque le poids des bottes excédera 5 kilogrammes, le droit sera perçu dans la *proportion de l'excédent ; les foins et les fourrages verts sont exempts du droit.*

La paille des grains introduits en gerbe payera le droit, déduction faite des grains ; l'avoine en gerbe acquitte séparément pour la quantité de grains et de paille ; le grain est compté à raison de 5 hectolitres par 100 bottes de 5 kilogrammes.

L'hectolitre d'avoine pèse 47 kilogramme en moyenne.

L'avoine et le maïs moulus ou concassés payent comme en grains.

Matériaux				
Bois en grume, dur ou tendre.	le mèt. cube	2 »	0,60	2,60
Bois de charpente ou de menuiserie ouvré, dur ou tendre	—	2 »	1,50	3,50
Lattes, treillages et bardeaux.	100 bottes	3 »	»	3 »
Plâtre.	l'hectol.	0,20	0,20	0,40
Chaux.	—	0,30	0.10	0,40
Ciment	100 kil.	0,40	0,60	1 »
Pavés	le mèt. cube	»	0,50	0,50
Moellons, plâtras et meulières de toutes dimensions, travaillés ou non.	—	0,20	0,30	0,50
Sable et cailloux.	—	»	0,25	0,25
Pierre de taille dure et tendre.	—	1,90	0,50	2,40
Marbres et granits de toutes espèces.	—	»	10 »	10 »
Ardoises pour toitures, briques pleines, tuiles, carreaux en ciment ou en terre cuite et carreaux céramiques de toutes espèces, destinés aux constructions immobilières	le mille	1,50	1,50	3 »
Mitres, poteries, briques creuses, tuyaux en terre cuite, en grès ou en ciment, destinés aux constructions immobilières.	100 kil.	»	0,30	0,30
Fer, fonte, acier, acier Bessemer et autres métaux ferro-aciéreux, zinc, cuivre et plomb de toutes formes et de toutes dimensions, destinés aux constructions immobilières	—	1 »	1 »	2 »
Verres à vitres.	—	»	2 »	2 »
Glaces.	—	»	5 »	5 »

OBJETS ASSUJETTIS AUX DROITS	MESURES et POIDS	DROITS A PERCEVOIR		
		TAXES PRINCIPALES	TAXES SPÉCIALES	TOTAL.

Matériaux (Suite)

Pour la perception sur le bois de charpente, la grosseur du bois se prend par le milieu, et, en cas d'impossibilité, dans les deux bouts.

Les bois de frêne et de merisier en perches, quelle que soit leur dimension ou débités à 0 m 30 de longueur, sont considérés comme bois de travail et mesurés comme tels ; les bois neufs ouvrés, tels que portes, volets et autres se réduisent en mètres cubes ou en planches suivant l'espèce et payent les droits portés au tarif.

Le droit est dû, pour le plâtre, à la fabrication à l'intérieur comme à l'entrée.

Les pierres à chaux ou à plâtre seront imposées à raison de la chaux ou du plâtre qu'elles contiennent.

Le sable et les cailloux destiné à la confection et à la réparation des chemins publics sont affranchis de la taxe.

L'hectolitre de ciment pèse en moyenne 145 kilogrammes.

Les pierres et marbres factices payent comme les pierres et marbres naturels.

Lorsque le cubage du marbre présentera des difficultés, la taxe sera appliquée au poids, à raison de 2,700 kilogrammes par mètre cube.

Les marbres qui font partie des meubles ne sont pas imposables, pas plus que les meubles eux-mêmes.

La faîtière compte pour 4 tuiles.

Les déclarations devront indiquer le nombre des pièces de chaque espèce, leur dimension et le poids total du fer, de la fonte, de l'acier, du zinc, du cuivre et du plomb composant chaque chargement.

Les dalles, briques ou tuiles en verre seront imposées comme verres à vitres.

Les glaces considérées comme meubles ne sont pas imposées.

Objets divers

OBJETS ASSUJETTIS AUX DROITS	MESURES et POIDS	TAXES PRINCIPALES	TAXES SPÉCIALES	TOTAL.
Vernis de toutes espèces, autres que ceux à l'alcool, blancs de céruse, de zinc et autres couleurs; essences de toutes natures, goudrons liquides, résidus de gaz et autres liquides pouvant être employés comme essences.	100 kil.	»	5 »	5 »
Mousse de tourbe	—	»	0,30	0,30

Toutes les couleurs, broyées ou non, sèches ou mélangées à un liquide quelconque, sont imposées pour leur poids total.

Toutefois les ocres introduites à l'état sec et le mastic à l'huile ou à l'essence ne payent que demi-droit.

OBSERVATIONS GÉNÉRALES

Les quantités inférieures à celles déterminées par le tarif doivent payer proportionnellement.

Les bois susceptibles d'être employés comme combustibles ou comme matériaux de constructions immobilières sont seuls soumis aux droits.

Les bois ou les métaux dont l'emploi n'est pas nettement déterminé au moment de l'introduction et qui sont déclarés à un usage autre que les constructions immobilières sont placés sous le régime de l'entrepôt, et il n'en est accordé décharge qu'après justification de leur emploi.

TABLE

RENSEIGNEMENTS ADMINISTRATIFS

I. — TOPOGRAPHIE, DÉMOGRAPHIE ET FINANCES

§ I. *Territoire et domaine*

§ II. *Démographie*

§ III. *Finances*

II. — SERVICES PUBLICS

§ I. *Bienfaisance*

§ II. *Enseignement*

§ III. *Voirie*

§ IV. *Justice et police*

§ V. *Cultes*

§ VI. *Services divers*

§ VII. *Personnel communal*

III. — INDUSTRIE ET COMMERCE

IV. — RENSEIGNEMENTS DIVERS

ANNEXES

COMPOSÉ, IMPRIMÉ ET BROCHÉ
PAR LES PUPILLES DU DÉPARTEMENT DE LA SEINE,
ÉLÈVES DE L'ÉCOLE D'ALEMBERT
A MONTÉVRAIN

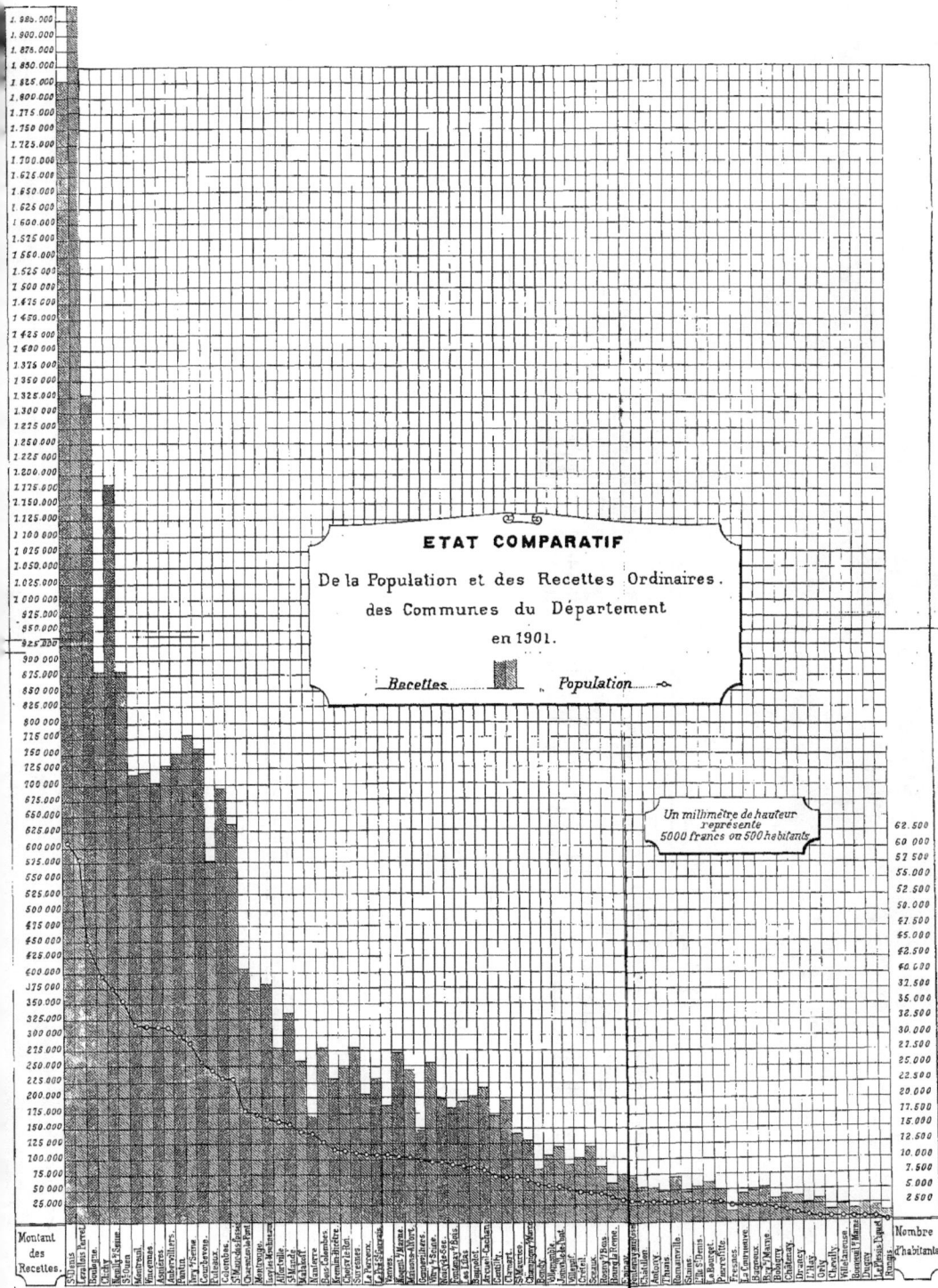

ETAT COMPARATIF

De la Population et des Recettes Ordinaires.

des Communes du Département

en 1901.

Recettes ▦ _Population_ ⟳

Un millimètre de hauteur
représente
5000 francs ou 500 habitants

Y-axis (left, Montant des Recettes):
1.985.000 / 1.900.000 / 1.875.000 / 1.850.000 / 1.825.000 / 1.800.000 / 1.775.000 / 1.750.000 / 1.725.000 / 1.700.000 / 1.625.000 / 1.650.000 / 1.625.000 / 1.600.000 / 1.575.000 / 1.550.000 / 1.525.000 / 1.500.000 / 1.475.000 / 1.450.000 / 1.425.000 / 1.400.000 / 1.375.000 / 1.350.000 / 1.325.000 / 1.300.000 / 1.275.000 / 1.250.000 / 1.225.000 / 1.200.000 / 1.175.000 / 1.150.000 / 1.125.000 / 1.100.000 / 1.075.000 / 1.050.000 / 1.025.000 / 1.000.000 / 925.000 / 950.000 / 925.000 / 900.000 / 875.000 / 850.000 / 825.000 / 800.000 / 775.000 / 750.000 / 725.000 / 700.000 / 675.000 / 650.000 / 625.000 / 600.000 / 575.000 / 550.000 / 525.000 / 500.000 / 475.000 / 450.000 / 425.000 / 400.000 / 375.000 / 350.000 / 325.000 / 300.000 / 275.000 / 250.000 / 225.000 / 200.000 / 175.000 / 150.000 / 125.000 / 100.000 / 75.000 / 50.000 / 25.000

Montant des Recettes.

Y-axis (right, Nombre d'habitants):
62.500 / 60.000 / 57.500 / 55.000 / 52.500 / 50.000 / 47.500 / 45.000 / 42.500 / 40.000 / 37.500 / 35.000 / 32.500 / 30.000 / 27.500 / 25.000 / 22.500 / 20.000 / 17.500 / 15.000 / 12.500 / 10.000 / 7.500 / 5.000 / 2.500

Nombre d'habitants

X-axis labels: St-Ouen, Levallois Perret, Boulogne, Clichy, Neuilly-s-Seine, St-Ouen, Montreuil, Vincennes, Asnières, Aubervilliers, Pantin, Ivry-Vienne, Courbevoie, Puteaux, Colombes, St-Maur-des-Fossés, Charenton-Pont, Montrouge, Issy-les-Moulineaux, Alfortville, St-Mandé, Malakoff, Nanterre, Bois-Colombes, Gennevilliers-Rivière, Choisy-le-Roi, Suresnes, La Varenne, La Plaine-St-Germain, Vanves, Argenteuil-Vienne, Kremlin-Bicêtre, Courbevoie, Vitry-s-Seine, Bourg-la-Reine, Fontenay-s-Bois, Les Lilas, Bagnolet, Arcueil-Cachan, Gentilly, Clamart, St-Maurice, Champigny-Marne, Romby, Villemomble, Joinville-le-Pont, Villejuif, Créteil, Sceaux, Bourg-s-Bois, Bourg-la-Reine, Montgeron, Chatillon, Andovy, Thiais, Romainville, Sèvres, Villa St-Denis, Le Bourget, Pierrefitte, Fresnes, La Courneuve, Bagneux, Bry-s-Marne, Bobigny, Chatenay, Drancy, Orly, Chevilly, Villetaneuse, Bonneuil-s-Marne, Dugny, Le Plessis-Piquet, Rungis

COMPARAISON
DE LA
POPULATION
ET DES
RECETTES ORDINAIRES
Relevées aux époques de Recensement
(1801 à 1901)

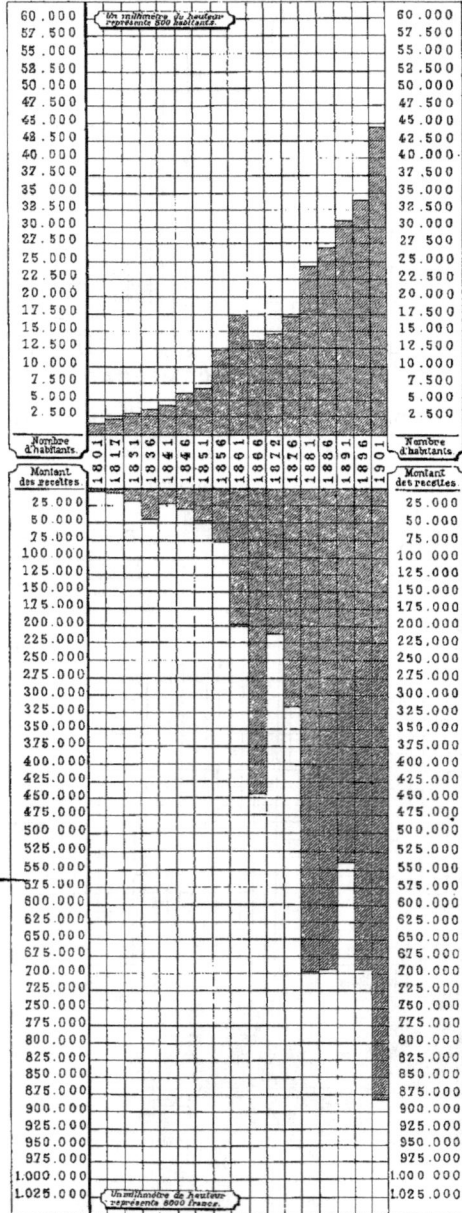

Un millimètre de hauteur représente 500 habitants.

Nombre d'habitants (scale): 60.000, 57.500, 55.000, 52.500, 50.000, 47.500, 45.000, 42.500, 40.000, 37.500, 35.000, 32.500, 30.000, 27.500, 25.000, 22.500, 20.000, 17.500, 15.000, 12.500, 10.000, 7.500, 5.000, 2.500

Années: 1801, 1817, 1831, 1836, 1841, 1846, 1851, 1856, 1861, 1866, 1872, 1876, 1881, 1886, 1891, 1896, 1901

Montant des recettes (scale): 25.000, 50.000, 75.000, 100.000, 125.000, 150.000, 175.000, 200.000, 225.000, 250.000, 275.000, 300.000, 325.000, 350.000, 375.000, 400.000, 425.000, 450.000, 475.000, 500.000, 525.000, 550.000, 575.000, 600.000, 625.000, 650.000, 675.000, 700.000, 725.000, 750.000, 775.000, 800.000, 825.000, 850.000, 875.000, 900.000, 925.000, 950.000, 975.000, 1.000.000, 1.025.000

Un millimètre de hauteur représente 5000 francs.

Rᵗᵉ du Chᵉⁿ aux Anes

Rᵗᵉ d'Asbre
sᵗ Ouen

Rᵗᵉ de Gressen

Terrier

Rᵗᵉ de l'Echaude

Rᵗᵉ du Port
aux Vaches

SEINE

ANIÈRES

Nouvelle Reᵗ

DE

Rᵗᵉ de Clichy

Hᵗᵉ d'Javye

Rᵗᵉ des Lilas

CLICHY
la Garenne

RIV

Bac

le Guiche

ST DENIS

Rᵗᵉ du Bac d'Anieres

CLICHY
la Garenne

Rᵗᵉ des
Epinette

la Planchette

Cens de Saint

Rᵗᵉ du Chasse Midy

Rᵗᵉ de la Vigne
aux Prcres

Rᵗᵉ du Chiendent

C
H
N

D
E

V
E
R
S
A
I
L
L
E
S

Rᵗᵉ de Gueulle
de Loup

Rᵗᵉ des Plautes

Rᵗᵉ de Monceaux

Remise des Galipaux

EN DÉPOT

A LA PRÉFECTURE DE LA SEINE

DIRECTION DES AFFAIRES DÉPARTEMENTALES

BUREAU DES COMMUNES

(Annexe Est de l'Hôtel de Ville)

www.ingramcontent.com/pod-product-compliance
Lightning Source LLC
Chambersburg PA
CBHW072031080426
42733CB00010B/1852